KB270487

그 행사가 다 형통하리로다. (시편 1:2-3)

복 있는 사람

오직 여호와의 율법을 즐거워하여 그 율법을 주야로 묵상하는 자로다.
저는 시냇가에 심은 나무가 시절을 좇아 과실을 맺으며 그 잎사귀가 마르지 아니함 같으니
그 행사가 다 형통하리로다. (시편 1:2-3)

성경을 하나님의 말씀으로 고백하는 이들은 많지만, 성경이 우리에게 가리켜 보이는 세계로 나아가기 위해 몸부림치는 이들은 그리 많지 않다. 갈등과 불화와 냉소와 우쭐거림이 만연한 세상에서 성경을 읽는다는 것은 '다른 삶'을 살겠다는 결의다. 문제는 텍스트 속에 드러난 혹은 감춰진 메시지를 해독해 낼 능력이 부족하다는 사실이다. 눈밝은 길 안내자가 필요한 것은 그 때문이다. 저자 송민원 교수는 성경 '안'과 '뒤' 그리고 '앞'이라는 세 차원에서 성경의 세계를 우리 앞에 펼쳐 보인다. 그 세계와 진득하게 대면하는 이는 누구나 하나님의 마음에 접속되어 삶의 자세를 가다듬지 않을 수 없다. 삶의 수직적 관계가 날실이 되고 수평적 관계가 씨실이 되어 어떻게 거룩한 삶이라는 것이 직조되는지를, 저자의 이야기는 설득력 있게 보여준다. 창세기의 숲으로 걸어 들어가려는 이들에게 간결하면서도 친절하고 정확한 이 지도를 소개하고 싶다.

김기석, 청파교회 원로목사

창세기는 내게 실패의 기록과 같다. 통독을 시도할 때마다 반드시 거쳐 가지만, 늘 실패 속에서 되돌아오는 영원한 출발점이다. 그만큼 성경 66권 중 가장 익숙할 법한데 읽을 때마다 풀리지 않는 질문들 앞에 서니 늘 당혹스럽다. 특히 조직신학자의 눈에는 '천지창조', '인간의 본성', '죄'와 같은 주제들을 둘러싼 교리적 설명과 성경 본문의 간극은 적잖이 까다롭다. 그래서 이 책은 귀한 선물 같은 작품이다. 창세기라는 오래된 책을 새롭게 읽게 만든다. 더 정확히 말하자면, 낯설어 보이나 원래 성경은 그렇게 읽혀야 한다는 것처럼 읽게 만든다. 그래서일까. 잘 안다고 생각했던 이야기들이지만 추리소설이나 스릴러물처럼 손에 땀을 쥐며 읽었다. 성경을 사랑하는 고대근동학자가 독자와 교회를 위해 제대로 글을 쓰면 이토록 빼어난 책이 나올 수 있다는 사실이 놀랍다. 창세기에 이어 성경 각 권에 대한 참신하면서도 따스하고 정교한 저자의 이야기를 하루빨리 만날 수 있기를 바란다.

김진혁, 횃불트리니티신학대학원대학교 조직신학 교수

균형 잡힌 신앙은 질문을 외면하지 않는다. 신앙은 끊임없는 사유 과정을 통해 성장한다. 다윗, 예레미야, 욥 등 성경 속 수많은 인물은 하나님과 신앙에 대해 주저 없이 근본적인 물음을 제기했다. 이 책은 '창조', '죄', '홍수', '바벨탑' 등 독자가 성경에서 가장 먼저 대면해야 할 질문들을 다룬다. 고대근동학과 성서학에 탁월한 저자는 '성경 안의 세계, 성경 뒤의 세계, 성경 앞의 세계' 그리고 '수직적 읽기와 수평적 읽기'라는 틀을 통해 그 질문들을 하나씩 풀어 가며 성경 해석에 균형을 잡아 준다. 이 책을 읽는 이들이 켜켜이 쌓인 질문들이 해소되는 기쁨을 누리며 저자의 여정에 동행하게 되기를 기대한다.

민경구, 에스라성경대학원대학교 구약학 교수

우리는 종종 익숙한 성경 해석에 안주한다. 하나님과 인간의 영적 관계만 강조하는 해석에 길들여져 다른 가능성은 애초에 배제하거나 고민하지 않는 경우가 많다. 이러한 익숙함은 성경을 더 깊고 풍성하게 이해하는 길을 가로막는다. 이 책은 바로 여기에 도전장을 내민다. '수직적 읽기'와 '수평적 읽기'라는 두 시선을 통해, 하나님과 인간의 관계는 물론 이웃과 피조세계와의 관계까지 새롭게 통찰한다. 이 균형 잡힌 시선은 단순한 방법론이 아니라 성경을 살아 있는 말씀으로 다시 만나게 돕는 안내자 역할을 한다. 무엇보다 정답을 제시하기보다, 더 좋은 질문을 던지는 용기를 독자에게 선물한다.

나는 이 책을 읽으며, 그동안 지나쳤던 본문과 놓쳤던 질문 앞에 다시 서게 되었다. 독자도 성경 해석의 한 방법을 배울 뿐 아니라, 성경과 새로운 대화를 시작하는 특별한 경험을 하게 될 것이다. 성경 읽기를 다루는 책은 이미 수없이 많다. 그런데도 여전히 새로운 길을 열어 주는 책이 있다는 사실은 얼마나 놀라운가! 그만큼 성경은 살아 있는 말씀이며, 오늘도 끊임없이 말을 건다. 이 책은 성경이 지금 우리에게 어떤 질문을 던지고 있는지, 우리는 어떻게 응답해야 하는지 깊은 고민을 안길 것이다. 그리고 그것이 반드시 필요한 고민이라는 사실을 깨닫게 도울 것이다.

전원희, 유튜브 채널 '오늘의 구약공부' 운영자

태초에 질문이 있었다

태초에 질문이 있었다

2025년 10월 13일 초판 1쇄 인쇄
2025년 11월 21일 초판 3쇄 발행

지은이 송민원
펴낸이 박종현

(주)복 있는 사람
주소 서울특별시 마포구 연남동 246-21(성미산로23길 26-6)
전화 02-723-7183(편집), 7734(영업·마케팅)
팩스 02-723-7184
이메일 hismessage@naver.com
등록 1998년 1월 19일 제1-2280호

ISBN 979-11-7083-307-9 03230

© 송민원 2025

M. C. Escher's "Tower of Babel"
© 2025 The M. C. Escher Company-The Netherlands. All rights reserved. www.mcescher.com

태초에 질문이 있었다

창세기 수렴적으로 읽기

송민원

복 있는 사람

Dedicated to Dr. Theodore Hiebert
my mentor and role model
to whom I owe more than words can tell

나의 학문과 삶의 길에서 가장 커다란 빚을 진 스승
테드 히버트 교수님에게 이 책을 바칩니다.

차례

들어가며

태초에 질문이 있었다

'성경이 답이다.' '성경은 모든 질문에 해답을 준다.' 이런 이야기를 흔히 듣습니다. 하지만 어느 대학에 가야 할지, 무엇을 전공해야 할지, 어떤 직장에 들어가야 할지, 어떤 사업을 해야 할지, 누구와 삶을 함께해야 할지 같은 인생의 큰 문제는 물론, 오늘 점심에 무엇을 먹어야 할지, 이 사람을 오늘 만나야 할지 같은 일상의 문제까지 성경이 답을 준다면 우리는 왜 기도하고, 왜 망설이며, 왜 고민하는 걸까요? 성경만 열심히 읽으면 모든 갈림길에서 선택이 분명해진다고 할 때, 왜 수많은 신앙인들이 과연 이 길이 맞는가 물으며 눈물로 혹은 침묵 속에서 주님을 찾는 걸까요?

분명히 성경은 우리에게 기준을 제시합니다. 그러나 그 기준이 지금 내게, 내가 서 있는 이 자리에 어떻게 적용되어야 하는지는 단순한 문제가 아닙니다. 끊임없이 되묻고, 의심하고, 해석하고, 반성해야 하는 일입니다. 이런 점에서 성경은 답을 주기 전에 먼저 질문을 던지는 책입니다.

성경의 하나님은 우리에게 먼저 질문하십니다. "아담아, 네가 어디 있느냐, 네 아우 아벨이 어디 있느냐, 내가 땅의 기초를 놓을 때 네가 어디 있었느냐, 내가 네게 무엇을 줄꼬 너는 구하라."

예수님도 우리에게 질문하십니다. "너희는 나를 누구라 하느냐, 어찌하여 무서워하느냐, 네가 나를 사랑하느냐."

어떤 이는 이런 질문에 이미 확고한 대답을 가지고 있을 것입니다. 그렇다면 성경은 더 이상 궁금한 책이 아닐 것입니다. 자신이 알고 있는 대답만으로도 삶을 살아가는 데 아무런 문제가 없다면, 계속 그대로 살아가면 될 일입니다. 그러나 그렇지 못한 이들도 있습니다. 그들에게 성경은 '나는 누구인가, 나는 어디에 서 있는가, 나는 어디로 가야 하는가'를 끊임없이 묻는 책입니다. 하나님과 예수님의 질문이 모두 정체성과 관계성 그리고 방향성을 묻는 내용이듯 말입니다.

성경을 '질문의 책'으로 받아들이는 순간, 성경은 완전히 다른 이야기를 들려주기 시작합니다. 우리가 말씀을 읽는 것이 아니라 말씀이 우리를 읽기 시작합니다. 우리가 말씀 속에서 답을 찾아내는 것이 아니라 말씀이 우리에게 질문을 던지기 시작합니다. 그때 비로소 깨닫게 될 것입니다. 성경이 얼마나 많은 물음을 봇물처럼 터뜨리는지, 얼마나 오랫동안 그런 눈으로 읽히기를 간절히 기다려 왔는지를.

읽기의 세 가지 요소

읽는 행위는 종합예술입니다. 단순히 책을 펼쳐 놓고 읽는다 해서 글자가 저절로 눈과 뇌로 들어와 이해되는 것은 아닙니다. 글자가 기계적으로 흡수된다면 읽는 사람마다 내용을 동일하게 이해할 것입니다. 그러나 실제로는 사람마다 모두 다르게 이해합니다. 왜 그럴까요?

읽는다는 것은 '대화'이기 때문입니다. 대화는 상당히 복잡한 단계를 거치는 행위입니다. 지적, 사회적, 관계적 행위입니다. 얽혀 있는 여러 요소 중 하나의 변수라도 생기면 결과물이 달라지듯, 같은 책이라도 읽는 이의 조건과 상황에 따라 다른 이야기를 들려줍니다.

책을 읽는 행위가 책과 나누는 대화라는 전제하에 '좋은 읽기'가 무엇인지 생각해 봅시다. 대화에 참여하는 좋은 태도는 우선 상대의 말을 잘 알아들으려 노력하는 것입니다. 어떤 말을 했는데 듣는 이가 특정 단어와 표현만 부각시키거나 문맥을 무시하고 일부 내용만 받아들인다면 화자의 말은 왜곡되고 그 의도는 오해되기 쉽습니다. '악마의 편집'이라고 하지요. 앞뒤 내용을 잘라 내고 이목을 끌 만한 자극적인 부분만 골라서 전달하는 경우를 우리는 흔

태초에 질문이 있었다

히 봅니다. 정치인이나 연예인이 억울해하는 점이기도 합니다. 말 전체를 보지 않고 일부분만 부각하여 오해하는 사람들은 우리 주위에서도 만날 수 있습니다. 함께 대화하고 싶지 않은 사람들이지요. 좋은 대화에 가장 중요한 것은 상대의 말을 귀 기울여 듣고, 부분을 전체와의 연관 속에서 이해하려는 태도입니다.

언어로 표현된 부분만이 아니라 비언어적 요소(non-verbal language)도 대화에 중요합니다. 손짓이나 발짓의 사용, 대화를 하는 장소, 분위기도 여기에 포함됩니다. 똑같은 이야기라도 웃으면서 할 때와 진지하게 할 때 그 의미는 완전히 달라집니다. 문자 메시지로 대화를 나누면 오해가 발생할 확률이 높아지는 까닭입니다. 가벼운 농담인지, 정색하며 말하는 것인지 분별하기 어렵습니다. 문자 메시지는 상대의 의도를 파악할 수 있는 비언어적 정보가 제한되기 때문입니다. 그래서 젊은 세대는 이모티콘을 사용해 부족한 부분을 채워 넣습니다. 젊은 친구들과 문자 메시지로 대화해 보면 'ㅠㅠ' 표시를 다양하게 사용합니다. 눈물을 상징하는 기호인데 상황에 따라 슬픔뿐 아니라 감사나 감동을 표현하기도 합니다. 불가능이나 좌절을 뜻할 때도 있습니다.

대화란 '상대방과 나의 만남'이라는 사실 또한 간과되어서는 안 됩니다. 상대의 말은 '객관적으로' 내게 흡수되지 않습니다. 내 상태가 어떤지, 내가 어떤 생각을 가지고 있는지에 따라 상대의 말은 다르게 이해됩니다. 평소 같으면 가볍게 웃어넘길 농담도 그때의 마음 상태에 따라 상처가 되기도 합니다. 기분이 좋지 않거나 자존감이 낮아진 때에는 칭찬하는 말조차도 비아냥대는 소리로 들릴 수 있습니다. 이런 경우도 있습니다. 예전에는 어렵고 재미없던 책인데 어느 날 다시 읽었더니 너무나 재미있는 이야기라는 사실을 깨닫는 경우입니다. 인생의 경험이 쌓이고 이해하는 수준이 올라가니 같은 책인데도 전혀 다른 이야기를 들려줍니다. 책에 쓰인 활자는 변한 것이 없는데 말입니다. '나'라는 대화 참여자의 상황이 변하면 상대의 말이 다르게 이해됩니다.

성경의 세 가지 세계

읽기와 대화의 세 요소를 성경 읽기에 대입해 보겠습니다. '성경의 세 가지 세계'라고도 표현할 수 있습니다. 첫째는 '성경 안의 세계'(in the Bible)입니다. 성경 '안'에 있는 것은 글자, 곧 텍스트(text)입니다. 성경 안에 있는 텍스트를 꼼꼼하게 읽는 것은 기본이며 가장 중요합니다. 그런데 이 기본 단계부터 실패하는 성경 해석을 종종 접할 수 있습니다. 성경에 있는 단어나 표현을 무시한다든지, 반대로 성경이 명시적으로 말하지 않은 것을 자의적으로 첨가해 본문을 이해하는 경우입니다. 성경의 빈자리를 상상력으로 채운다면 허점이 많은 해석이 될 것입니다. 모래 위에 세운 집은 쉽게 무너집니다.

둘째는 '성경 뒤의 세계'(behind the Bible)입니다. 성경 '뒤'는 성

　　　　　　　　　　　　　　　　　　태초에 질문이 있었다

경에 쓰여진 글자 너머의 세계, 곧 컨텍스트(context)를 의미합니다. 컨텍스트는 문맥적 상황일 수도 있고 역사적 배경일 수도 있습니다. 성경에 나오는 한 단어나 구절은 따로 떼어 놓고 읽을 것이 아니라 앞뒤 구절과의 상관관계 속에서 이해되어야 합니다. 이른바 '요절식 성경암송'을 추천하지 않는 이유입니다. 또한 성경 본문은 그 본문이 위치한 시대의 역사와 언어적, 문화적 배경에서 해석하는 것이 출발점입니다. 19세기 러시아의 상황을 전혀 모르면서 톨스토이나 도스토옙스키 작품을 이해하기란 불가능합니다. 성경도 마찬가지입니다. 성경의 첫 독자들이 처한 상황을 이해하고 본문이 그들에게 어떤 의미를 가졌는지 파악한 후에야 그 의미를 오늘날에 적용할 수 있습니다. 주석서나 연구서가 본문의 역사적 배경에 많은 지면을 할애하고, 심지어 묵상집에 본문의 배경을 요약해 놓은 까닭도 이것입니다. '성경 뒤의 세계'는 연구 대상입니다. 저절로 알 수 있는 것이 아닙니다. 성경을 이해하고 본문을 해석하는 데 공부가 필요한 이유입니다.

셋째는 '성경 앞의 세계'(in front of the Bible)입니다. 펼쳐 놓은 성경 '앞'에는 성경을 읽는 '나 자신'이 있습니다. 내가 어떤 생각을 가지고 성경을 읽는지에 따라 본문은 전혀 다른 의미로 이해됩니다. 어렸을 때 읽은 성경 본문을 성인이 되고 노인이 되어 다시 읽으면 그 안에서 완전히 다른 의미를 발견합니다. 같은 본문이라도 매번 새롭게 이해되는 까닭은 말씀 앞에 있는 나 자신이 매번 다르기 때문입니다. 설교를 듣는 회중이 설교를 각자 다르게 이해하는 까닭도 각자 처한 상황과 이해의 정도가 다르기 때문입니다. 성경을 읽는 '나'는 수동적 존재가 아닙니다. 적극적으로 성경과 대화하는 능동적 주체입니다. 이것이 우리가 특정 렌즈를 끼고 성경을 읽는 것은 아닌지, 선입견에 사로잡혀 본문을 이해하는 것은 아닌지 끊임없이 자신을 돌아보고 반성해야 할 이유가 됩니다. 성경이 뻔한 이야기만 늘어놓는다고 생각된다면 그 이유는 뻔한 눈으로 성경을 읽기 때문입니다. 성경을 읽는 자신의 눈이 새로워지면 그때부터 성경은 새로운 노래를 들려주기 시작합니다.

성경을 보는 시선: 수직적 읽기와 수평적 읽기

성경을 어떻게 읽을 것인가? 이 질문은 단지 해석 방법론이 아니라 하나님의 말씀 앞에 선 우리가 어디를 바라보아야 하는지, 우리의 태도와 관점은 어떠해야 하는지를 묻는 질문이기도 합니다. 이 책은 그동안 성경을 해석해 왔던 주류적 방식을 '수직적 읽기'(vertical reading)로 부르고, 새롭게 제시하는 성경 해석을 '수평적 읽기'(horizontal reading)로 부르고자 합니다. 수직과 수평이라는 표현은 엄밀한 학술 용어가 아니며 기존 신학 담론에서 정립된 개념도 아닙니다. 어디까지나 이 책이 독자 여러분에게 보여 드리고자 하는 해석의 방향을 더 직관적으로 이미지화하기 위해 선택한 비유적 언어입니다.

저는 수직과 수평이라는 용어를 저의 석사 과정 지도교수였던 테드 히버트 교수(Dr. Theodore Hiebert)에게서 처음 접했습니다. 히버트 교수는 수업 시간에 창세기 11:1-9을 다루면서 이 용어를 사용했는데, '하늘에 닿는 높은 탑'을 쌓으려는 인간의 교만과 이를 저지하시려는 하나님의 징벌의 구도로 읽는 전통적인 해석을 '수직적 해석'(vertical interpretation)이라고 부르고, 이와 달리 한곳에 모이려는 인간의 집단적 욕망과 사방으로 흩어 문화를 다양하게 펼치려는 하나님의 의지 사이의 충돌로 보는 자신의 새로운 읽기를 '수평적 해석'(horizontal interpretation)이라고 명명했습니다. 이 통찰은 그 후 "The Tower of Babel and the Origin of the World's Cultures"(*JBL* 126, 2007, pp.29-58)로 발표되었고, 이 책의 4장 "바벨탑은 왜 무너졌는가"는 그의 해석에 많은 부분을 기대고 있습니다.

하지만 이 책에서 사용된 수직과 수평 개념은 바벨탑 본문에 국한되지 않으며, 히버트 교수가 특정 본문에 적용한 개념을 더 확장하고 재해석하여 창세기는 물론 성경 전반에 걸친 해석적 렌즈로 발전시키고자 했습니다. 말하자면 이 책은 수직과 수평이라는 시선을 하나의 프레임 삼아, 창세기를 비롯한 성경 전체의 이야기 구조와 신학적 질문을 새롭게 비추어 보려는 시도입니다.

히버트 교수의 논의가 특정 본문의 해석적 긴장에 초점을 맞춰 이 프레임을 사용했다면, 이 책은 그것을 더 넓은 차원에서 사용합니다. 예를 들면 전통적 신학이 강조해 온 하나님과 인간 사이의 명령과 불순종 문제(수직적 관점)를 넘어, 인간과 인간 사이, 인간과 피조물 사이에서 벌어지는 관계 파괴와 회복의 문제를 중심에 놓고 읽는 것(수평적 관점)을 지향합니다.

이 책의 중심에는 다음과 같은 질문이 놓여 있습니다. 과연 성경이 말하는 '죄'는 하나님과의 관계에서 위계 질서가 무너지고 수직적으로 단절되는 것인가, 아니면 이웃과 타인, 피조 세계와 맺은 관계가 끊어지는 것인가? 이 책이 제시하는 읽기가 전통적 신학의 수직적 사고를 보완하고, 더 관계 중심적이며 삶의 현장에 뿌리박은 해석으로 나아가기를 희망합니다.

이러한 시도는 지금도 진행 중입니다. 이 시도가 신학적 상상력의 확장으로 이해되기를, 성경을 새로운 시각으로 보는 하나의 통로가 될 수 있기를 희망합니다. 아울러 조직신학과 기독교윤리 분야에서 제시되어 온 관계의 윤리, 존재 사이의 연대, 타자에 대한 책임이라는 문제가 이 수평적 읽기 안에서 구체적인 성경 본문을 근거로 확증되고 확장되기를 기대합니다.

수직적 읽기와 수평적 읽기의 적용

'수직적 읽기' 혹은 '수직적 성경 해석'은 하나님과 인간의 관계에 주목합니다. 하늘의 하나님과 땅의 인간의 관계에 초점을 맞추기 때문에 '수직적'이라 부릅니다. 이 관점에서 중요하게 다루는 신학적 주제는 위로부터 오는 하나님의 명령을 사람이 '잘 지켰는지, 잘 지키지 않았는지'입니다. 하늘로 올라가려 하고, 하나님을 공격하여 신이 되려는 인간의 욕망과 교만은 '죄'로 규정됩니다. 여기서는 '겸손'과 '순종'이 인간에게 요구되는 덕목입니다. 우리가 잘 아는 익숙한 주제입니다. 지난 2천 년 동안 성경을 읽어 온 주류 방식이기도 합니다.

반면 '수평적 읽기'는 인간과 인간의 관계에 더 주목합니다. 나아가 인간과 창조된 세계의 관계에 더 초점을 맞춥니다. 단순히 인간이 하나님의 명령에 순종했느냐보다, 하나님은 우리가 이 땅에서 어떻게 살기를 원하시는지, 우리가 서로 어떤 관계를 맺고 살기를 요청하시는지, 우리는 다른 피조물과의 관계에서 어떤 책임과 역할을 부여받았는지에 관심을 둡니다.

이 두 가지 읽기 가운데 하나가 옳고 하나는 틀린 것이 아닙니다. '수직적 읽기'는 하나님을 향한 우리의 신앙을 표현합니다. 하나님의 명령에 순종하며 크신 하나님 앞에 겸손히 무릎 꿇는 것은 바람직한 신앙인의 태도입니다. 그러나 성경을 수직적으로 읽으려는 신앙심 때문에 때로 본문의 의미를 왜곡하거나 성경에 기록되지 않은 개념을 추가해 본문을 해석하기도 합니다.

저는 『지혜란 무엇인가』에서 잠언의 수직적 읽기와 수평적 읽기를 잠언 6:16-19을 예로 들어 설명했습니다. 잠언은 하나님이 싫어하시는 것을 "교만한 눈과 거짓된 혀와 무죄한 자의 피를 흘리는 손과 악한 계교를 꾀하는 마음과 빨리 악으로 달려가는 발과 거짓을 말하는 망령된 증인과 및 형제 사이를 이간하는 자"로 정의합니다. 이 일곱 가지는 가톨릭의 칠죄종, 곧 일곱 가지 대죄(*septem peccata capitalia*)와 비교됩니다. 교만과 인색, 질투와 분노, 음욕과 탐욕 그리고 나태가 그것입니다. 잠언과 칠죄종의 '죄' 규정은 언뜻 비슷해 보이지만 자세히 들여다보면 커다란 차이가 있습니다.

이 두 가지 목록은 비슷한 내용을 다른 표현으로 나타낸 것이 결코 아닙니다. 둘 사이에는 죄를 이해하는 아주 근본적인 차이가 있습니다. 가톨릭의 칠죄종은 한 사람이 갖는 마음 상태를 나타냅니다. 하나님 앞에서 한 개인이 가져서는 안 되는 마음가짐을 죄로 규정하고 있으며, 이 마음 상태는 하나님이 허락하신 것이 아니라 악마에 의해 조종당하는 상태를 나타냅니다. 질투, 탐욕, 음욕, 나태 같은 악한 것을 자신의 영혼에서 몰아내는 것이 하나님 앞에 온전히 서 있는 상태라고 할 수 있습니다. 하지만 잠언 6장에서 말하는 것은 한 개인의 마음 상태가 아니라 인간 상호 간의 관계를 깨뜨리는 행위입니다. 사람들 사이를 이간질하며 무고한 자를 해하려고 계획하는 것, 폭력을 행사하는 것 등은 한 개인의 문제를 가리키지 않습니다. 혼자 마음속으로 하는 거짓말은 큰 의미가 없으므로 칠죄종에는 포함시키지 않았습니다만, 잠언 6장은 법정에서 누군가에게 해를 끼칠 수 있는 거짓 증언을 중요하게 다루고 있습니다. 이런 분류에 기초해서 살펴보면 칠죄종의

　　　　　　　　　　　　　　　　태초에 질문이 있었다

‘교만’과 잠언 6장의 ‘거만’은 전혀 비슷한 표현이 아닙니다. 칠죄종이 ‘하나님 앞에서의’ 또는 ‘하나님에 대한’ 인간의 교만을 대죄로 여긴다면, 잠언 6장의 “거만한 눈”은 이웃을 대하는 태도를 의미합니다.'

다시 말해 칠죄종이 하나님을 향한 개인의 마음 상태로서 ‘수직적’이고 ‘개인적’으로 죄를 이해하는 반면, 잠언 6장은 인간 상호 간의 ‘수평적’이고 ‘관계적’인 죄를 말합니다. 하나님 앞에 온전하려는, 하나님을 높이려는 우리의 신앙심이 때로는 성경을 통해 말씀하시는 하나님의 음성을 제대로 듣지 못하도록 가로막는 경우도 있습니다.

지금부터 우리는 창세기 본문을 다루면서 성경이 세 가지 세계(텍스트-컨텍스트-독자)로 이루어져 있다는 사실을 염두에 둘 것입니다. 텍스트를 꼼꼼하게 읽고 글자 너머 배경을 살펴보고, 우리의 익숙한 해석에 선입견이 개입된 것은 아닌지 점검할 것입니다. 수직적 시각과 수평적 시각이 본문을 어떻게 다르게 해석하도록 유도하는지도 살펴볼 것입니다. 둘 중 어느 시각이 텍스트에 더 부합하는지, 어느 해석이 본문을 둘러싼 컨텍스트와 잘 어울리는지, 나아가 어느 관점이 지금 우리가 신앙인으로서 경험하는 현실에 더 유의미하며 적합한지 알아보고자 합니다.

이 책을 통해 우리는 성경 본문과 우리의 전통적인 해석에 대해 처음부터 끝까지 질문을 던질 것입니다. 이 질문에서 또 다른 질문과 고민이 많이 파생될 것입니다. 그 과정에서 무엇이 정답이고 무엇이 올바른 해석인지 확인하는 것보다 더 중요한 것이 있습니다. '좋은 질문을 던지는 법'을 배우는 것입니다. 수직적 읽기와 수평적 읽기를 통해 성경 본문이 더 입체적으로 다가오기를 기대합니다. 독자 여러분이 타인의 모범 답안이 아니라 자신의 눈으로 성경을 읽고 이해하는 시각과 틀을 갖추게 된다면, 이 책은 이미 그 목적을 다한 것입니다.

1장

인간은 왜 창조되었는가

창세기 1-3장

1. 창세기 1장과 2장이 말하는 인간 창조의 목적은 무엇인가?

2. "하나님의 형상"으로 인간이 창조되었다는 것은 무슨 의미인가?

창세기 1장과 2장, 하나의 이야기인가?

오랫동안 성경을 읽어 온 사람이라 할지라도 창세기 1장과 2장을 나란히 비교해 본 적은 별로 없을 것입니다. 조금만 눈여겨보면 이 두 장은 연속된 이야기가 아니며, 상당히 다른 방식으로 창조 사건을 서술한다는 사실을 금세 알 수 있습니다. 1장에서는 6일 창조의 질서 정연한 구조 속에서, 하나님의 말씀에 따라 빛과 어둠, 하늘과 땅, 식물과 동물 그리고 마지막으로 인간이 창조됩니다. 모든 것이 하나님의 계획 안에서 선형적으로 진행되며, 창조의 클라이맥스는 남자와 여자가 하나님의 형상으로 함께 창조되는 순간입니다. 혹은 2장 앞부분의 안식일 제정을 정점으로 볼 수도 있습니다.

반면 2장의 창조 기사(정확히는 2:4 하반절부터)는 분위기부터 다릅니다. "여호와 하나님이 땅에 비를 내리지 아니하셨고 땅을 갈 사람도 없었으므로 들에는 초목이 아직 없었고 밭에는 채소가 나지 아니하였으며"(창 2:5). 이렇게 시작되는 2장에서는 하나님께서 흙으로 사람을 빚으시고, 그 코에 생기를 불어넣으십니다. 여자는 남자의 갈빗대에서 나중에 창조됩니다. 2장에 등장하는 하나님은 1장의 절대자와는 사뭇 다른, 토기장이 같은 존재로 그려집니다.

두 본문은 사용하는 단어, 창조 순서, 하나님과 인간의 거리감 등에서 차이를 보입니다. 예를 들어 창세기 1장에서는 "하나님"이라는 신명(神名)이 일관되게 사용되지만, 2장에서는 "여호와 하나님"이라는 신명이 새롭게 등장합니다. 1장에서는 남녀가 동시에 창조되지만, 2장에서는 남자가 먼저, 여자가 나중에 창조됩니다.

이처럼 분명한 차이 때문에 학자들은 창세기 1장과 2장을 서로 다른 전통에서 유래한 두 창조 이야기로 보아야 한다는 견해를 오래전부터 제시해 왔습니다. 이른바 '문서설'(Documentary Hypothesis)이라고 불리는 이 이론에 따르면, 성경은 여러 시대에 걸쳐 다양한 신앙 공동체가 고백한 전승이 하나로 엮여 형성된 결과물입니다. 창세기 1장은 'P 전승'이라 불리는 제사장 문서의 창조 이야기이고, 2장은 'J 전승'에 속하는 좀 더 인간 중심적이며 내러티브적인 창조 서사라는 것입니다.

문서설(Documentary Hypothesis)이란 무엇인가

구약성경, 특히 모세오경(창세기부터 신명기까지)은 단일 저자가 한 시기에 쓴 것이 아니라, 서로 다른 시대와 배경을 지닌 여러 전승과 문서가 오랫동안 축적되고 편집되어 형성되었다는 학문적 가설이다.

문서설 가운데 가장 널리 알려진 이론은 19세기 독일 학자 율리우스 벨하우젠(Julius Wellhausen)이 정리한 이른바 JEDP 이론으로, 다음 네 가지 주요 문서로 모세오경이 이루어졌다고 가정한다.

1 J 문서(야훼 문서, Yahwist)
하나님을 '야훼'라 부르며, 인간적인 하나님, 이야기 중심의 문체, 예루살렘 중심의 전통을 담았다. 대략 기원전 10세기경 남유다에서 형성되었다고 본다.

2 E 문서(엘로힘 문서, **Elohist**)

하나님을 '엘로힘'이라 부르며, 꿈이나 천사를 통한 간접적 계시, 도덕
적이고도 예언자적인 색채가 특징이다. 기원전 9세기경 북이스라엘에서
기원했다고 여겨진다.

3 D 문서(신명기 문서, **Deuteronomist**)

신명기 본문의 대부분을 차지하며, 율법과 순종의 신학, 하나님의 말씀
을 듣고 지켜 행하라는 명령이 반복적으로 강조되는 것이 특징이다. 기
원전 7세기 요시야 개혁 시기와 관련되어 설명된다.

4 P 문서(제사장 문서, **Priestly**)

창조 이야기(창 1장), 족보, 제사 규정, 성막 규정 등 제사장적 관심이 강
하게 반영되어 있다. 포로기 이후(기원전 6세기 후반) 바빌론 유수 시대에
정리되었다고 본다.

벨하우젠은 이러한 문서들이 서로 병합되고 편집되면서 모세오경이 형성되었
고, 최종 편집자가 P 문서를 중심으로 이 모든 전승을 신학적으로 엮었다고 본
다. 이 이론은 성경의 역사성과 신학을 이해하는 데 중요한 통찰을 주며, 본문
의 반복, 모순, 전승의 이중성을 설명하는 데 유용하게 사용된다. 하지만 이
가설은 다음과 같은 점을 지적받는다.

1 **지나친 분할과 추측**

신명(야훼/엘로힘) 사용, 문체나 신학의 차이 등을 근거로 문서를 나누었
지만, 실제 다른 저자나 전승의 흔적이라고 단정하기에는 무리가 있다.
동일 저자가 의도적으로 다양한 표현을 썼을 가능성도 무시할 수 없기
때문이다.

2 **고대 문헌에 현대적 기준 적용**

문서설은 19–20세기 서구의 문학 이해를 기준으로 성경을 평가했기에
고대의 구술 문화, 전통의 중첩, 공동체적 편집 방식 등을 간과하는 경
향이 있다.

3 편집자의 역할 과소평가

다양한 전승이 단순히 병합된 것이 아니라 하나의 신학적 메시지를 향해
조화롭게 편집되었다는 점, 곧 최종 편집자의 의도나 구조적 통일성이
지나치게 폄하된 경향이 있다.

4 최근 학계의 다각적 접근

문서설만으로는 설명되지 않는 구절이 늘어나면서 최근에는 편집비평,
전승비평, 내러티브 분석, 사회사적 해석 등 다양한 방법론이 병행되어
사용된다. JEDP라는 네 문서로 단순하게 나누는 방식은 더 이상 학계의
주류 견해로 보기 어렵다.

요약하자면 문서설은 성경의 형성과 전승의 복잡성 및 다양성을 인식하게 해
준 귀중한 틀이지만 완결된 해석의 틀은 아니다. 오늘날에는 더 복합적이고 유
연한 성경 해석 방법이 제시·요구되고 있다.

그렇다고 하여 창세기 1장과 2장이 서로 모순되는 것은 아닙
니다. 둘의 차이는 역사적 사실의 충돌이 아니라, 각기 다른 신학
적 시각과 공동체의 관점에서 창조 사건을 조망한 결과입니다. 말
하자면 한 진리를 서로 다른 렌즈로 들여다본 두 이야기입니다.

오늘날 많은 성서학자와 신학자는 두 본문을 대립시키기보다
상호 보완적인 텍스트로 이해하려고 노력을 기울입니다. 창세기
1장이 하나님의 주권과 창조 질서를 강조한다면, 2장은 인간 존재
의 유한성과 관계성을 조명합니다. 창세기 1장은 위에서 내려다본
신적 관점의 창조 기사이고, 창세기 2장은 이 땅에서 바라본 창조
이야기라는 설명도 두 이야기를 조화롭게 이해하는 한 가지 방법
입니다. 창세기 1장과 2장은 서로 충돌한다기보다는, 하나님의 창

조 행위를 다층적으로 조망하는 두 창문과 같다고 볼 수 있습니다.

그러나 여전히 질문이 남습니다. 하나님은 왜 인간을 창조하셨는가? 인간은 왜 이 땅에 존재하는가? 두 본문은 이 본질적인 질문에 서로 다른 방식으로 답합니다. 1장에서 인간은 하나님의 형상을 따라 창조되며, 땅을 정복하고 다른 피조물을 다스리는 사명을 부여받습니다. 이에 비해 2장에서 인간은 땅의 흙에서 창조되며, 땅을 돌보고 지키는 농부 역할을 부여받습니다. 즉 위에서 통치하는 존재라기보다는 땅과 땅의 생명체와 깊이 연결된 존재라는 점이 부각됩니다. 이러한 차이는 성경 안의 다양성을 보여주는 좋은 예입니다. 그리고 이 다양성은 혼란이 아니라, 신앙과 삶을 깊이 성찰할 수 있는 풍요로운 대화의 장을 열어 줍니다.

마지막으로 더 중요한 질문이 있습니다. 우리가 하나님의 형상으로 창조되었다는 것은 무엇을 의미하는가? 이 질문은 단순히 인간의 존엄이나 특별함을 드러낸다기보다는 본문이 말하는 하나님의 형상이 과연 무엇인지, 그 형상이 죄로 인해 손상되거나 잃어버린 바 되었는지 더 깊은 성찰로 이어져야 합니다.

우리는 인간이 하나님의 형상으로 창조되었다는 성경의 가르침을 잘 압니다. 많은 신앙인이 이 구절을 좋아하며, 이 구절을 통해 창조세계 속에서 인간의 특별한 위치와 존엄을 강조합니다. 그러나 하나님의 형상으로 창조되었다는 사실만 강조될 뿐, 하나님의 형상이 과연 어떤 형상(이미지)인지는 충분히 논의되지 못하고 있습니다. 흔히 이 본문은 모든 인간이 하나님의 신성과 같은 속성을 지닌 것으로 해석되기도 하고, 여성신학의 관점에서 남녀 모두 하나님의 형상으로 창조되었으니 남녀가 동등한 가치를 지닌 존재임을 입증하는 데 이용되기도 합니다. 둘 다 정당한 해석이지만 본문을 더 깊이 들여다볼 필요가 있습니다.

'하나님의 형상'이라는 주제를 내세울 때, 아담과 하와의 '타락'으로 인류가 하나님의 형상을 잃어버렸는가 하는 질문이 파생됩니다. 동산 중앙의 선악과를 먹지 말라는 하나님의 명령을 어긴 '죄'로 인해 아담과 하와는 더 이상 하나님의 형상을 닮은 존재가 아니게 되었으며, 그들의 후손은 자연히 하나님의 형상을 잃어버린 존재로 태어난다고 믿고 가르치는 것입니다. 그러나 이러한 관점은 창세기 3장까지만 해석한 결과입니다.

노아 홍수 사건 이후 하나님은 자신이 사람을 하나님의 형상으로 지었다고 말씀하십니다.[2] 아담과 하와 이후로 인류가 하나님의 형상을 잃어버렸다면 왜 이렇게 말씀하셨을까요? 더 나아가 '타락' 이후 하나님과 인간의 관계가 단절되었다는 주장도 있습니다. 그러나 하나님은 명령을 어긴 아담과 하와에게 나타나 말씀하시고, 아벨의 제사를 받으시며, 가인에게도 말씀하시고 표를 주십니다. 또한 노아와 소통하시고, 아브라함과 이삭과 야곱과 지속적으로 관계를 맺으십니다. 하나님은 끊임없이 범죄하는 이스라엘 백성과 결코 관계를 끊지 않으십니다. 성경은 인류의 탄생 이후 그 오랜 역사 동안 단 한 번도 하나님과의 관계가 끊어진 적 없다고 증언합니다. 그러므로 '하나님의 형상을 잃어버리고 창조의 목적을 상실한 인류에게 남은 과제는 다시 하나님의 형상을 회복하고 하나님과의 단절된 관계를 원상태로 돌리는 것'이라는 신학적 진술은 근본에서 다시 생각할 필요가 있습니다.

이 책 1장에서는 창세기 1장과 2장이 제시하는 인간 창조의 서로 다른 시선을 통해 '창조의 목적', '하나님의 형상', '인간의 사명'이라는 본질적 질문을 다시 던지고자 합니다. 이것은 단지 학문적 관심이 아니라 인간 존재에 대한 성경적 이해를 새롭게 구성하려는 신앙적 시도입니다.

1. 창세기 1장이 말하는 인간

"우리의 형상을 따라 우리의 모양대로 우리가 사람을 만들고"
　(창 1:26).

이 본문에서 가장 눈에 띄는 부분은 하나님이 "우리"라는 1인칭 복수 대명사를 사용한다는 점입니다. 이것이 삼위일체를 뜻한다고 해석하는 사람도 있고, 고대 근동의 다신론이 그 배경이라고 분석하는 사람도 있으며, 하나님을 높이는 '존엄의 복수'나 '장엄의 복수'로 이해하는 사람도 있습니다. 복수 대명사는 우리의 시선을 끌지만 창세기 1장의 창조 이해에서 본질적인 문제는 아닙니다. 26절의 "우리"는 이어지는 27절에서 3인칭 단수형으로 바뀌기 때문입니다.

> "하나님이 자기 형상 곧 하나님의 형상대로 사람을 창조하시되 남자와 여자를 창조하시고"(창 1:27).

우리말은 대명사 사용이 빈번하지 않기 때문에, 영어 성경에서 3인칭 단수 대명사의 사용을 더 분명히 볼 수 있습니다.

> "And God created man in **His** own image, in the image of God **He** created him: male and female **He** created them"(NASB).

또한 창세기 저자는 26절의 '아담'(אָדָם)은 남자만이 아니라 남녀 모두를 가리킨다고 재확인하면서, 27절 전반절에 단수로 나오는 '아담'("in the image of God He created **him**")이 남녀 모두를 포함하는 복수 표현임을 부연 설명합니다("male and female He created **them**"). 현대 신학, 특히 여성신학은 창세기 1:26-27에 나타나는 남녀평등 사상을 선호합니다. 따라서 여성신학은 여자가 남자의 갈빗대에서 만들어져 "돕는 배필"의 역할이 주어지는 2장보다는, 남녀 모두 하나님의 형상으로 창조되었다는 1장의 진술에 주목합니다. 이러한 차이점은 잘 알려져 있으며, 창세기 관련 책이라면 예외 없이 소개하는 내용입니다. 그러나 우리가 주목해야 하는 지점은 다른 곳에 있습니다.

창세기 1장과 2장 사이

	창세기 1장(1:1-2:4a)	창세기 2장(2:4b 이하)
신명	하나님(엘로힘)	주/여호와 하나님(아도나이 엘로힘)
어순	하늘과 땅(정관사 있음)	땅과 하늘(정관사 없음)
어휘	추상적 어휘: 혼돈, 공허, 흑암, 깊음, 영 등	구체적 어휘: 땅, 비, 들, 초목, 밭, 채소, 안개, 흙 등
창조 순서	빛-궁창-땅과 바다/채소와 열매-해와 달과 별-바다 생물과 새-육지 생물과 사람	땅과 하늘-남자-나무-들짐승과 새-여자
창조 방식	말씀으로	빚는 행위와 숨을 내쉬는 행위로
창조주의 속성	초월적이고 우주적인 하나님	'장인/토기장이'와 같은 하나님

표① 창세기 1장과 2장의 차이점

표 ❶은 창세기 1장과 2장의 잘 알려진 차이점을 정리한 것입니다. 우선 하나님 이름이 창세기 1장(1:1-2:4a)에서는 '엘로힘'(אֱלֹהִים)으로 표기되는 반면, 창세기 2장(2:4b 이하)에서는 '아도나이 엘로힘'(יהוה אֱלֹהִים)으로 표기됩니다. 1:1과 2:4a에서는 "하늘과 땅"인데, 2:4b에서는 "땅과 하늘"로 어순이 달라집니다. 이 차이는 창세기 1장은 창조를 하늘의 관점에서 바라보고, 창세기 2장은 땅에서부터 바라본다는 설명으로 해석 가능합니다. 창조를 묘사하는 어휘를 보면 1장은 혼돈, 공허, 흑암, 깊음, 영, 수면 등 비교적 '추상적인' 용어인 데 비해 2장에서 쓰이는 용어는 아래와 같습니다.

"여호와 하나님이 **땅**에 **비**를 내리지 아니하셨고 **땅**을 갈 사람도

없었으므로 **들**에는 **초목**이 아직 없었고 **밭**에는 **채소**가 나지
아니하였으며 **안개**만 **땅**에서 올라와 온 지면을 적셨더라"
(창 2:5-6).

땅, 비, 밭, 들, 초목, 채소, 안개 등 구체적인 용어가 사용됩니
다. 시골에 가면 흔히 접할 수 있고, 농사를 짓는 사람이라면 거의
매일 마주하는 것입니다. 어휘뿐만이 아니라 창조 순서에도 차이
가 있습니다(표 ① 참조). 창조의 방식도 다릅니다. 1장은 말씀으로
창조합니다. 말씀만 하면 모든 것이 그대로 이루어지는 초월적이
고도 우주적인 스케일의 하나님이 묘사됩니다. 그러나 2장의 하나
님은 마치 토기장이처럼 하나하나 손으로 빚는 장인의 모습입니다.
'코에 생기를 불어넣으신다'라는 표현에서도 마치 인공호흡으로 숨
을 불어넣는 장면이 연상됩니다. 하나님의 행위를 묘사하는 동사
들은 옛사람뿐 아니라 지금 우리도 일상에서 경험하는 친숙한 표
현입니다.

인간 창조의 목적

창세기 1장과 2장의 차이는 충분히 논의되었습니다. 그러나
이 책이 던지는 질문은 이것입니다. 창세기 1장과 2장은 인간의 창
조 목적에 대해 어떻게 말하고 있는가? 이것이 바로 본질적인 질
문입니다. 하나님은 왜 사람을 창조하셨으며, 어떤 역할을 사람에
게 부여하셨는가, 또한 하나님은 인류가 이 창조세계에서 다른 피

조물과 어떤 관계를 맺기 원하시는가 하는 물음에 대한 답은 신앙인에게 이 세상을 살아가는 기준과 방향을 제시합니다.

우선 창세기 1장부터 살펴보겠습니다. 사람이 하나님의 형상으로 창조되었다는 구절만 따로 떼어 해석할 것이 아니라 전체 문장 구조와 그 문장이 위치한 문맥을 파악할 필요가 있습니다. '성경 안의 세계'(in the Bible), 곧 텍스트를 꼼꼼히 들여다보는 것은 모든 해석에서 기본입니다.

"하나님이 이르시되 우리의 형상을 따라 우리의 모양대로 우리가 사람을 만들고 그들로 바다의 물고기와 하늘의 새와 가축과 온 땅과 땅에 기는 모든 것을 다스리게 하자 하시고"(창 1:26).

이 구절은 청유형(volitive) 문장 두 개로 이루어져 있습니다.

우리가 (사람을) 만들자 + (그들로) 다스리게 하자

히브리어 구문론(syntax)에 따르면 위와 같이 청유형 문장이 연결될 때(volitive sequence) 뒤 문장은 앞 문장의 '목적'이나 '결과'로 해석하는 편이 좋습니다.[3] 즉 '우리가 (사람을) 만들자'와 '(그들로) 다스리게 하자'는 독립된 문장이 아니라 서로 긴밀히 연결된 문장입니다. 하나님께서 사람을 그분의 형상으로 창조하신 이유는 물고기와 새 등 다른 생명체를 다스리게 하기 위함입니다. 이 해석의 타당성은 이어지는 28절에 의해 확증됩니다.

> "하나님이 그들에게 복을 주시며 하나님이 그들에게 이르시되
> 생육하고 번성하여 땅에 충만하라, 땅을 정복하라, 바다의
> 물고기와 하늘의 새와 땅에 움직이는 모든 생물을 다스리라
> 하시니라"(창 1:28).

하나님은 사람을 만드시고 그들에게 생육하고 번성하여 온 땅을 가득 채우라고 명령하십니다. 왜 그러해야 할까요? 땅을 정복하고 그 안의 생물을 다스리기 위해서입니다. 여기에 인류 창조의 목적이 드러납니다. 인간에게 부여된 역할은 자연세계의 '정복과 다스림'입니다. "하나님의 형상"이라는 표현은 이 맥락에서 이해되어야 합니다. 즉 하나님께서 해와 달과 별을 포함하여 창조세계 전체를 다스리시듯, 인간의 역할은 하늘과 바다와 육지의 생명체를 다스리는 것입니다. 창세기 1장의 "하나님의 형상"을 말할 때, 남녀가 동등하게 창조되었다는 사실만 부각할 것이 아니라 그 형상이 어떤 형상인지도 이야기해야 합니다. 이 하나님의 이미지(*imago Dei*)는 지배자와 정복자의 이미지입니다.

 태초에 질문이 있었다

'정복'과 '다스림'의 의미

하나님은 이 땅과 생명체를 정복하라는 명령을 인간에게 부여하셨습니다. 그렇다면 인간은 다른 피조물을 어떻게 다스려야 할까요? 하나님께서 이 세상을 아름답게 다스리고 계시니 우리도 청지기로서 피조세계를 잘 가꾸고 보호해야겠다고 생각할 수도 있습니다. '정복'과 '다스림'이 그런 의미라면 맞습니다. 하지만 안타깝게도 두 단어에 해당하는 히브리어를 살펴보면 이러한 해석은 쉽게 도출되기 어렵습니다.

다스림: 라다(רדה)

히브리어에서 '다스리다'라는 의미로 가장 흔하게 사용되는 단어는 '마샬'(משל)입니다. 창세기 1:16의 "큰 광명체로 낮을 주관하게 하시고 작은 광명체로 밤을 주관하게 하시며"에서 '주관하다'로 번역된 동사가 바로 '마샬'입니다. 태양이 낮을 다스리고 달이 밤을 다스리듯 사람에게 다른 동물을 다스릴 권세가 주어졌다면 얼마나 좋았을까요? 모든 생명체가 살아갈 양분을 제공하고 어둠을 밝히는 것이 인간 창조의 목적이자, 하나님이 인간에게 부여하신 역할이라면 이보다 좋을 수는 없었을 것입니다. 그러나 인간의 다스림에 관해서는 '마샬'이 아니라 '라다'(רדה)가 사용되었습니다. 이 단어의 의미를 파악하려면 다른 본문에서는 어떻게 쓰였는지 살펴보아야 합니다.

‘라다’는 주인이 노예를 다스리거나 왕이 피지배국을 다스리는 문맥에서 사용됩니다. 레위기는 희년법 규정에서 가난 때문에 노예가 된 이스라엘 백성을 노예라는 이유로 ‘엄하게 부리지 말라’고 명합니다(레 25:43, 46, 53). 이때 ‘부리다’는 ‘라다’를 번역한 것입니다. 왕이 정복한 지역을 다스릴 때 이 단어가 사용되고(“솔로몬이 그 강 건너편을 딥사에서부터 가사까지 모두, 그 강 건너편의 왕을 모두 **다스리므로**”, 왕상 4:24), 관리자가 일꾼들을 다스릴 때도 이 단어가 사용됩니다(“그 사역을 감독하는 관리가 삼천삼백 명이라. 그들이 일하는 백성을 **거느렸더라**”, 왕상 5:16). 노예와 피지배국을 잘 보호하고 다스린다면 그 통치자는 훌륭한 통치자일 것입니다. 이러한 의미라면 ‘마샬’과 비슷하다고 할 수 있습니다. 그러나 문제는 ‘라다’가 폭력적인 억압을 표현할 때도 사용된다는 사실에 있습니다

“그들이 분내어 여러 민족을 치되 치기를 마지아니하였고 노하여 열방을 **억압하여도** 그 **억압을** 막을 자 없었더니”(사 14:6).

“너희가 그 연약한 자를 강하게 아니하며 병든 자를 고치지 아니하며 상한 자를 싸매 주지 아니하며 쫓기는 자를 돌아오게 하지 아니하며 잃어버린 자를 찾지 아니하고 다만 포악으로 그것들을 **다스렸도다**”(겔 34:4).

포도를 발로 밟아 즙을 만드는 것처럼(“와서 **밟을지어다**. 포도주 틀이 가득히 차고 포도주 독이 넘치니 그들의 악이 큼이로다”, 욜 3:13),

   태초에 질문이 있었다

다른 나라를 공격하여 폭력으로 지배하고 힘없는 사람들을 억압하는 행위를 지칭할 때 '라다'가 사용됩니다.

정리하자면 '라다' 동사는 기본적으로 지배자와 피지배자 관계를 나타낼 때 쓰입니다. 이 단어는 통치자가 피지배 계층을 존중하고 보호하는 '긍정적' 다스림을 의미할 수도 있지만, 폭력을 사용해 억압하는 '부정적' 다스림을 의미할 수도 있습니다. 이런 점에서 '라다'는 어느 정도 중립적인 단어입니다.

정복: 카바쉬(כבשׁ)

이어서 살펴볼 단어는 땅을 정복하라는 명령에서 쓰이는 동사 '카바쉬'(כבשׁ)입니다. 이 단어의 어원은 '발로 밟는 행위'입니다. 미가 7:19("우리의 죄악을 발로 **밟으시고**")과 스가랴 9:1("그들이 원수를 삼키며 물맷돌을 **밟을 것이며**")에서 사용되었고, 창세기 1장에서처럼 '땅을 정복하다'라는 의미로 흔히 사용됩니다(민 32:22, 29, 수 18:1, 삼하 8:11, 대상 22:18). 이 단어의 목적어 자리에 사람이 오면, 그 사람을 억압하고 폭력적으로 짓밟아 노예로 만드는 행위를 뜻하게 됩니다.

"이제 너희가 또 유다와 예루살렘 백성들을 **압제하여** 노예로 삼고자 생각하는도다"(대하 28:10).

"이제 우리 자녀를 **종으로 파는도다.** 우리 딸 중에 벌써 **종된** 자가 있고"(느 5:5).

"노비를 끌어다가 **복종시켜** 다시 노비로 삼았더라"(렘 34:11).

"노비를 끌어다가 다시 너희에게 **복종시켜** 너희의 노비로

　삼았도다"(렘 34:16).

심지어 에스더 7:8에서 사용된 '카바쉬'를, 개역개정은 "강간"으로 번역하기까지 합니다("하만이 에스더가 앉은 걸상 위에 엎드렸거늘 왕이 이르되 저가 궁중 내 앞에서 왕후를 **강간까지 하고자** 하는가 하니"). 이 번역은 의역입니다. 왕비의 걸상에 엎드린 하만의 행동이 왕비 에스더의 권위를 무시하고 '짓밟는' 행위라는 점을 강한 표현으로 풀어낸 것입니다.

지금까지 예문에서 보았듯 '카바쉬'는 세심히 보살피고 가꾸며 돌보는 것과 거리가 멉니다. 오히려 발로 짓밟고 억압하며 노예로 만들어 복종시키는 것과 관련됩니다. '카바쉬'를 부정적으로 해석한 일부 구절만 가져와서 의도적으로 의미를 과장한 것이 결코 아닙니다.

창세기 1장의 '정복'과 '다스림'의 의미

창세기 1:26-28을 해석할 때 하나님이 말씀하시는 '정복'과 '다스림'은 창조세계를 청지기로서 보호하고 보살피는 의미라고 주장하려면, '라다'와 '카바쉬'가 사용된 예문을 무시해야 합니다. 이것은 좋은 해석 방식이라 할 수 없습니다. 그렇다면 정복하고 다스리라는 하나님의 명령이 자연을 인간이 마음대로 해치고 파괴할

수 있다는 말일까요? 창세기 1:26-28은 남자와 여자 사이는 평등하지만 인간과 자연 사이는 지배와 억압과 폭력이 허용된다고 말하는 것일까요? 지금 21세기에도 여전히, 오히려 더욱 극심하게 생태계를 파괴하는 인류의 행동이 하나님의 허락하에 일어나는 일이며, 나아가 하나님께서 인류를 창조하신 목적이자 인간에게 부여하신 사명이란 말일까요? 창세기 1:26-28을 '창조세계를 보살피는 역할'로 해석하기보다, 이런 질문을 제기하는 것이 더 정당하고 정직해 보입니다.

정복과 다스림, '카바쉬'와 '라다'를 '폭압의 통치'라고 극단적으로 해석하지 않더라도, 창세기 1장에서 유추할 수 있는 '창조질서'가 '하나님, 인간, 피조세계' 사이의 수직적 지배 구조임을 부인하기는 어렵습니다. 하나님께서 자신이 창조하신 세계에 절대적 권한을 가지고 계시듯, 인간도 땅과 하늘과 바다의 생명체에게 절대적 권한을 가지고 있는 듯 보입니다. 남자와 여자 사이의 평등을 강조하는 점에서 창세기 1장의 창조론은 더 환영받을 만하지만, 생태신학적 관점에서는 환영받기 어렵습니다. 남녀 사이가 '수평적'으로 묘사되었다는 내용만 떼어 내어 신학적 의미를 부여한다면 좋은 해석 방식이 될 수 없습니다. 우리는 창조세계의 전체적 관계가 '수직적'으로 묘사되었다는 점을 간과해서는 안 됩니다.

이 주제는 이후로도 계속 언급되겠지만 미리 생각할 질문을 하나 드리겠습니다. 다스리고 정복하라는 창세기 1장의 명령은 지금 우리에게 여전히 유효한 명령인가? 결론적으로 이 책은 그렇지 않다고 답합니다. 창세기 1장이 허용하는 듯 보이는 피조세계에 대한 폭력적 지배의 권리가 더 이상 인간에게 없다고 주장할 것입니다. 이 논리를 잘 따라와 주시기 바랍니다.

2. 창세기 2장이 말하는 인간

창세기 1장이 인간과 자연의 관계를 수직적 지배와 통치의 틀에서 묘사하는 반면, 창세기 2장은 도입부터 완전히 다른 관점을 제시합니다.

“땅을 갈 사람도 없었으므로”(창 2:5).

이 구절의 히브리어 원문은 다음과 같습니다.

וְאָדָם אַיִן לַעֲבֹד אֶת־הָאֲדָמָה (베아담 아인 라아보드 에트-하아다마)

여기서 ‘아담’(אָדָם)은 인간을, ‘아다마’(אֲדָמָה)는 경작 가능한 땅을 의미합니다. 두 단어 모두 ‘붉다, 검붉다’라는 하나의 어원에서 파생되었습니다. 참고로 창세기 1장에서 “땅”은 ‘에레츠’(אֶרֶץ)였습니다. ‘에레츠’는 지구 위 육지 전체를 가리키는 말로 이해됩니다. 반면에 ‘아다마’는 육지 가운데 붉은 토양으로서, 농사를 지을 수 있는 비옥한 땅을 지칭합니다. 인간이 영유할 수 있는 공간은 '아다마'입니다. 광야나 사막은 옅은 빛깔 흙으로 이루어졌으며 그곳에서는 농사가 불가능합니다. 따라서 '에레츠'는 사람이 살 수 있는 땅과 없는 땅을 모두 포함하는 개념이고, '아다마'는 '에레츠'의 일부라고 할 수 있습니다.

'아바드'(עבד)는 어원적으로 '섬기다'라는 뜻으로, 영어 단어 'serve'에 해당합니다. '종'(servant)을 뜻하는 히브리어 단어 '에베드'(עֶבֶד)도 이 어근에서 파생된 명사입니다. 땅을 갈 사람이 없었다는 것은 땅을 가꾸고 섬길 농부가 없었기 때문에 작물이 자라지 않았다는 의미입니다. 여기서 인간의 창조 목적이자 존재 이유, 그리고 창조세계 안에서의 역할이 규정됩니다. 창세기 2장은 인간이 자연을 지배하기 위해 창조되었다고 말하지 않으며, 땅을 섬기고 가꿀 존재로 창조되었다고 기술합니다. 창세기 1장이 인간과 자연세계를 '주인과 노예' 관계에 유비했다면, 창세기 2장은 그와 반대로 땅을 섬기고 지키는 존재로서 인간을 말합니다.

그렇다면 땅이 주인이 되고 사람은 노예가 된 것일까요? 흙에서 왔고 흙으로 돌아갈 존재이니(창 3:19), 인간이 땅에 종속된 상태임은 분명합니다. 그러나 창세기 2장을 보면 인간의 역할에는 땅을 섬기는 것뿐 아니라 땅을 지키는 것도 포함됩니다. 이러한 메시지는 창세기 2:15에서 분명해집니다.

"여호와 하나님이 그 사람을 이끌어 에덴동산에 두어 그것을

경작하며 지키게 하시고."

히브리어 원문은 다음과 같습니다.

וַיִּקַּח יְהוָה אֱלֹהִים אֶת־הָאָדָם וַיַּנִּחֵהוּ בְגַן־עֵדֶן לְעָבְדָהּ וּלְשָׁמְרָהּ

(바익카흐 아도나이 엘로힘 에트-하아담 바얀니헤후 베간-에덴

레오브다흐 울솜라흐)

하반절을 직역하면 이렇습니다.

"그(주 하나님)는 그(아담)를 에덴의 정원에 두셨는데, '그녀'를
섬기고 지키게 하기 위함이었다."

사람이 지키고 가꾸어야 할 '그녀'가 과연 무엇인가에 이 문장
의 핵심이 있습니다. 전통적인 해석은 '그녀'를 에덴동산으로 이해
하지만, 문제는 "동산"으로 번역된 히브리어 '간'(גַּן)이 남성명사라
는 점입니다. 따라서 여성대명사가 지시하는 대상이 될 수 없습
니다.

BDB[4]나 Holladay Lexicon[5] 등 일부 히브리어 사전들은 '간'(גַּן)
을 남성명사이자 여성명사로 분류합니다. 그런데 이 사전들이 인
용한 성경의 용례를 살펴보면 이 단어가 여성명사로 사용된 경우
는 단 한 곳, 창세기 2:15뿐입니다. 성경 전체에서 '간'은 일관되게

 태초에 질문이 있었다

남성명사로 쓰이는데, 오직 그 구절에서만 여성명사로 쓰였다는 말입니다.

그러나 이러한 분석은 문제가 있습니다. 해당 구절 하반절에 나오는 단수 여성대명사가 상반절의 ‘동산’을 가리킨다고 전제하는 해석에서 비롯되기 때문입니다. 다시 말해 동산이 여성명사여야 그 대명사와 일치한다고 판단하여 내린 해석일 뿐입니다.

그렇다면 ‘그녀’는 무엇을 가리킬까요? 가장 설득력 있는 문법적 분석은 바로 ‘아다마’, 곧 땅입니다. ‘아다마’는 여성명사이며, 창세기 2:5과 3:23에서 ‘섬기다’라는 의미의 동사 ‘아바드’의 목적어가 바로 ‘아다마’입니다.

창 2:5: וְאָדָם אַיִן לַעֲבֹד אֶת־הָאֲדָמָה (“땅을 갈 사람도 없었으므로”, 베아담 아인 라아보드 에트-하아다마)

창 3:23: לַעֲבֹד אֶת־הָאֲדָמָה אֲשֶׁר לֻקַּח מִשָּׁם (“그 근원이 된 땅을 갈게 하시니라”, 라아보드 에트-하아다마 아쉐르 룩카흐 밋샴)

따라서 2:15에서 인간이 섬기고 지켜야 할 대상은 ‘동산’이 아니라 ‘땅’(아다마)이라고 보는 것이 문법적으로나 문맥적으로 더 타당합니다. 동사의 목적어가 무엇이냐는 문제는 문법적 문제에 그치지 않습니다. 사람이 가꾸고 지켜야 할 대상이 무엇이냐에 따라 인간의 창조 목적과 존재 이유가 달라지기 때문입니다. 만일 에덴 동산을 섬기고 가꾸는 것이 하나님이 인간을 창조하신 목적이자 인간의 존재 이유라면, 불순종 이후 에덴에서 쫓겨난 인간은 본래의 창조 목적을 상실한 존재가 됩니다. 그러나 인간이 '아다마', 곧 경작 가능한 땅을 섬기는 존재로 창조되었다면 에덴에서 나왔더라도 그 역할에 변함이 없습니다. 즉 인간의 창조 목적은 여전히 유효한 셈입니다.

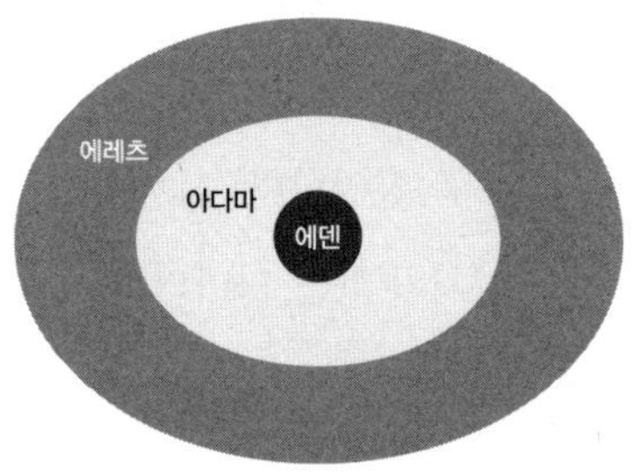

그림 ❶ 에덴과 아다마와 에레츠의 관계

'에레츠'와 '아다마'와 '에덴'의 관계를 그림으로 정리해 보겠습니다. 가장 넓은 범주가 '에레츠'(대지 전체)이며, 그 안에 경작 가능한 '아다마'가 있고, 그 '아다마' 안에 휴식처 '에덴'이 자리합니다. '에덴'은 땅을 섬기는 인간이 일하다가 돌아와 휴식을 취하는 집과 같은 공간입니다. 창세기 2:15에서 "(에덴동산에) 두어"로 번역된 동사 '누아흐'(חנ)는 '쉬다'가 기본 의미입니다. '쉼'이라는 뜻을 가진 이름 '노아'가 이 동사에서 파생되었습니다. 창세기 2:15은 '하나님은 아담을 에덴동산에서 쉬게 하셨다'로 번역할 수도 있습니다. 왜 휴식이 필요한지는 바로 연결되는 부정사 구문이 설명해 줍니다. '땅(아다마)을 가꾸고 지키기 위해서'입니다.

종합하자면 창세기 1장과 2장의 대비는 사용되는 어휘 차이 혹은 창조 순서 차이에 그치지 않습니다. 1장과 2장은 하나님과 인간과 창조세계 사이의 관계가 어떠해야 하는지 더 본질적 부분에서 관점을 달리합니다. 1장은 사람과 창조세계의 관계를 수직적이고도 권위적인 구도로 보면서 인간을 정복자와 지배자로 묘사합니다. 2장은 1장에 비해 남녀 사이의 평등성이 약화된 측면이 있지만 인간과 자연세계를 더 긴밀하게 연결합니다. 엄밀히 수평적 관계라고 부를 수는 없다 하더라도 훨씬 유기적이며 순환적인 관계로 그려집니다. 인간은 흙에서 나와 흙으로 돌아갈 존재이고, 이 땅에 사는 동안 흙을 가꾸며 흙에서 나오는 것으로 생명을 유지해야 하는 존재입니다. 섬기고(아바드) 지키는(샤마르) 역할은 다스리고(라다) 정복하는(카바쉬) 역할과 명확하게 대비됩니다. 성경 첫 두 장은 오늘을 살아가는 인간이 자연과 맺는 관계에 대해, 신앙인으로서 세상에서 어떤 역할을 감당해야 하는지에 대해 근본적 질문을 던집니다.

불순종 이후 인간의 창조 목적

질문을 하나 더 던져 보고 싶습니다. 아담과 하와는 하나님께서 먹지 말라고 명령하신 선악과를 먹고 에덴동산에서 쫓겨납니다. 우리는 이것에 '타락'이라는 신학적 이름을 붙였습니다. 그렇다면 이 타락 이후 인간의 창조 목적은 폐기되거나 훼손되었을까요?

질문에 답하려면 앞서 창세기 2장에서 확인한 내용을 간단히 정리할 필요가 있습니다. 만일 창세기 2장에서 말하는 인간의 창조 목적이 '에덴을 섬기고 지키는 것'이었다면 에덴에서 추방되었을 때 인간의 존재 이유는 사라져 버립니다. 그러나 창세기 2장이 말하는 인간의 역할이 '아다마'(경작 가능한 땅)를 섬기고 가꾸는 것이라면 에덴을 떠났다고 해도 인간의 창조 목적은 바뀌지 않았다고 보아야 합니다. 이 관점에서 창세기 3:23을 다시 살펴봅니다.

> "여호와 하나님이 에덴 동산에서 그를 내보내어 그의 근원이 된 땅을 갈게 하시니라."

וַיְשַׁלְּחֵהוּ יְהוָה אֱלֹהִים מִגַּן־עֵדֶן לַעֲבֹד אֶת־הָאֲדָמָה אֲשֶׁר לֻקַּח מִשָּׁם

(바예샬레헤후 아도나이 엘로힘 밋간-에덴 라아보드 에트-하아다마 아쉐르 룩카흐 민멘나)

원문을 직역하면 다음과 같습니다.

> "YHWH 하나님께서 그를 에덴의 정원에서 내보내셨다. 그가 거기에서 취해진 땅(아다마)을 섬기도록 하기 위해서."

이 구절은 매우 중요합니다. 인간은 본래 '아다마'에서 왔고, 하나님은 그 인간을 다시 '그의 근원이 된 땅(아다마)'으로 보내십니다. 왜 그럴까요? 그 땅을 섬기라는 것입니다. 인간이 창조된 목적, 곧 '아다마'를 가꾸고 지키는 존재로 살아가야 한다는 사명은 전혀 바뀌지 않았습니다. 물론 창조 목적을 수행하는 과정이 타락 이전보다 힘들어진 것은 사실입니다. "평생에 수고하여야" 농사를 지을 수 있고, "얼굴에 땀을 흘려야" 먹고살 수 있게 되었으니 말입니다(창 3:17, 19). 힘든 노동 후에 집(에덴동산)으로 돌아가 쉬지도 못하게 되었습니다. 하지만 하나님께서 부여하신, 땅을 섬기라는 사명이 달라진 것은 아닙니다.

이 구절을 어떻게 해석하느냐에 따라 창세기 3장의 의미, 더 나아가 타락 이후 인간 존재에 대한 관점이 달라집니다. 에덴동산을 지키라는 사명이 파기되었다고 볼 것인가, 아니면 에덴이라는 집은 잃었지만 인간이 감당해야 할 책임과 부르심은 여전히 유효하다고 볼 것인가? 이 질문은 우리 신앙의 지향을 완전히 다른 방향으로 이끕니다.

지금까지 살펴보았듯 창세기 1장과 2장은 인간 창조의 목적을 서로 다른 언어로, 서로 다른 방식으로 서술하고 있습니다. 그러나 본질적 메시지는 충돌하지 않으며 상호 보완적이라고 이해하는 것이 좋습니다. 창세기 1장이 하나님의 형상으로 인간을 창조하셨다는 신학적 선언을 통해 존엄성과 권위, 통치자의 사명을 부여받은 인간을 강조한다면, 창세기 2장은 인간이 흙에서 왔고 흙으로 돌아간다는 사실을 상기시켜 창조세계와 깊이 연결된 운명공동체라는 점을 부각시킵니다. 한쪽이 위로부터 주어진 수직적 소명을 천명한다면, 다른 한쪽은 아래로 뿌리내리고 옆으로 가지를

뻗은 수평적 관계를 이야기합니다. 두 모습 다 인간 존재의 본질이
자 현상입니다.

결국 인간의 창조 목적은 하나님과 맺은 관계 그리고 이 땅과
맺은 관계에서 자신에게 주어진 자리와 책임을 충실히 감당하는
데 있습니다. 에덴은 사라졌지만 땅을 가꾸고 지키라는 부르심은
지금도 유효합니다. 타락 이후 인간은 더 이상 무고한 존재가 아닙
니다. 그러나 하나님의 형상을 지닌 존재로서, 하나님께서 처음 부
여하신 사명을 따라 여전히 이 땅을 섬기고 생명을 돌보며 관계를
지키는 일에 초대받고 있습니다.

창세기의 두 창조 이야기는 인간이라는 존재가 얼마나 복합적
이고도 귀한 존재인지를 서로 다른 각도에서 일깨워 줍니다. 이 책
은 이 둘이 중첩되는 지점에서 질문을 던지고, 그 긴장을 해석하며,
하나님과 인간과 창조세계의 관계를 성찰해 보고자 하는 하나의
시도입니다.

창세기를 읽는 법

이제 다음 장으로 넘어가기 전에 몇 가지 질문을 던져 봅니다. 창
세기 3장에서 '죄'라는 단어는 실제로 등장하는가? 성경에서 '죄'가
처음 사용된 구절은 어디인가? 타락 이후 하나님과 인간의 관계는
정말 단절되었는가? 창조 목적은 상실되었는가, 아니면 다른 방식

                                    태초에 질문이 있었다

으로 지속되고 있는가?

　이러한 질문을 품고 창세기 2-5장을 연결된 하나의 이야기로 읽어 보시기를 권합니다. 이 네 장은 뚝뚝 끊어진 에피소드가 아닙니다. 이 본문은 인간의 선택과 그 결과, 하나님의 반응과 새로운 질서가 서서히 드러나는 내러티브의 흐름 속에서 읽어야 합니다.

　특히 창세기 5장은 단순한 계보처럼 읽히기 쉬우나, 창세기 1장과 4장의 긴장과 연속성을 다시 정리하고 새롭게 바라보게 만드는 서사적 장치가 그 안에 숨어 있습니다. 단순한 요약이 아니라 창조와 타락 그리고 이어지는 하나님의 역사 안에서 인간이 어떻게 계속 '아다마' 위에서 살아가게 되는지 보여주는 장입니다.

　지금까지는 이 책의 도입부이자 서론에 해당하는 내용을 다루었습니다. 이제부터 같은 방식으로 창세기의 주요 장면을 하나하나 살펴볼 것입니다. 본문을 꼼꼼하게 읽고, 문맥을 따져 보고, 성경이 말하고자 하는 바에 귀를 기울이며, 나아가 이 시대에 인간이 감당해야 할 역할과 소명을 되묻는 여정을 이어 가고자 합니다. 이 책이 지적인 성경 해석에 그치지 않고 말씀 앞에서 우리의 자리와 사명을 다시 바라보는 영적 탐색의 기회가 되기를 바랍니다.

죄를 바라보는 두 가지 관점

창세기 3-5장

1. '죄'라는 단어가 최초로 등장하는 창세기 4장은 죄를 어떻게 정의하는가?

2. 죄를 '수평적'으로 이해할 때 가인의 행동에서 드러나는 죄는 무엇인가?

우리는 창세기 본문을 어떻게 읽을지 근본적 성찰을 요청하는 여정에 나섰습니다. 말하자면 단순한 본문 해설이 아니라, 성경을 수직적으로 읽는 것과 수평적으로 읽는 것의 차이를 묻고, 그 차이가 어떤 해석의 지형을 형성하는지 함께 탐색하는 여정입니다.

우리는 전통적으로 수직적 틀을 이용해 성경을 읽어 왔습니다. 즉 하늘 위의 하나님과 땅 아래의 인간이라는 위계 구조, 신의 명령과 인간의 복종(혹은 불순종), 율법과 심판, 죄와 벌이라는 신학적 전제 속에서 본문을 해석해 온 셈입니다. 그러나 이런 접근은 종종 본문에 없는 이야기를 전제하고, 본문이 말하려는 바를 가립니다. 창세기 본문을 찬찬히 따라가다 보면 수직적 질서보다 수평적 관계가 훨씬 강하게 드러나는 순간이 자주 나옵니다.

이번 장에서는 창세기 3-5장의 이야기를 따라가면서 성경이 말하는 '죽음'과 '죄' 그리고 '하나님과의 관계 단절'이라는 주제가 기존의 설명과 어떻게 다르게 흐르는지 살펴보려 합니다. 특히 가인의 제사가 거절된 사건을 중심으로 보되 그 빈틈을 그동안 어떻게 신학적으로 메워 왔는지, 신학적 해석이 과연 본문이 전하려는 메시지와 맞닿아 있는지 하나하나 짚어 보려 합니다.

출발점은 창세기 3장입니다. 창세기 3장은 '원죄'의 기원으로 잘 알려져 있습니다. 인간이 금단의 열매를 따 먹음으로 죄를 범했고, 그 결과 죽음이 인류에게 들어왔다는 해석은 바울 서신에도 등장하며, 기독교 교리의 근간으로 자리 잡아 왔습니다. 하나님이 먹지 말라고 하신 열매를 따 먹은 행위가 곧 불순종이며, 그로 인해 인간이 죽음이라는 형벌을 받게 되었다는 해석은 오늘날까지 널리 받아들여집니다. '원죄'라는 이름으로 익숙하게 불리던 이 장면은 과연 무엇을 말하는지, 더 근본적인 관계의 균열과 변화를 드러내는 것은 아닌지 질문해 보려 합니다.

1. "먹는 날에는 반드시 죽으리라"

창세기 3장의 사건을 온전히 이해하려면 창세기 2장으로 거슬러 올라가야 합니다. 하나님은 아담에게 친히 이렇게 명령하십니다.

"선악을 알게 하는 나무의 열매는 먹지 말라. 네가 먹는 날에는 반드시 죽으리라 하시니라"(창 2:17).

וּמֵעֵץ הַדַּעַת טוֹב וָרָע לֹא תֹאכַל מִמֶּנּוּ כִּי בְּיוֹם אֲכָלְךָ מִמֶּנּוּ מוֹת תָּמוּת:
(우메에츠 핫다아트 토브 바라아 로 토칼 민멘누 키 베욤 아콜카 민멘누 모트 타무트)

원문을 직역하면 다음과 같습니다.

"그러나 좋은 것과 나쁜 것을 아는/알게 하는 나무로부터는 먹지 말라. 네가 그것에서 먹는 날에 너는 반드시 죽을 것이다."

여기서 주목하고 싶은 표현은 "먹는 날에"(베욤 מֵיֹ)입니다. 하나님은 선악과를 먹는 '그날' 죽는다고 분명히 말씀하십니다. 그런데 아담과 하와는 열매를 먹은 날에 죽지 않았습니다. 성경은 아담이 930년을 살았다고 기록합니다(창 5:5). 이 불일치를 설명하려는 다양한 신학적 해석이 있었습니다. '죽을 수밖에 없는 존재가 되었다', '영적으로 죽은 것이다'라는 해석이 대표적입니다. 하지만 이런 설명은 본문이 말하지 않는 내용이며, 해석일 뿐입니다.

아담과 하와가 선악과를 먹은 날 죽지 않았다는 사실은 초대 교부들과 고대 유대 해석자들을 난감하게 만들었습니다. 그들은 이 난제를 해결하고자 성경을 인용하여 신학적 논리를 만들어 냅니다. 대표적인 예가 다음 구절들입니다.

> "주께는 하루가 천 년 같고 천 년이 하루 같다는 이 한 가지를 잊지 말라"(벧후 3:8).
> "주의 목전에는 천 년이 지나간 어제 같으며 밤의 한 순간 같을 뿐임이니이다"(시 90:4).

이 말씀에 근거하여 초기 기독교와 유대교 신학자들은 아담이 천 년을 채우지 못한 930세에 죽었으므로, 결국 하나님의 관점에서 '그날' 안에 죽음을 맞았다고 해석했습니다. 신약과 구약 중간기에 쓰인 『희년서』(*Book of Jubilees*)와 순교자 유스티누스(Justin Martyr) 역시 이러한 입장을 취합니다.

"아담은 죽었다.……그리고 그는 천 년에 칠십 년이 모자란 생애를 살았다(즉 930세에 죽었다). 천 년은 하늘의 증거에 의하면 하루다. 그래서 선악과에 대해 기록하기를 '네가 그것을 먹는 날에는 네가 죽을 것이라'라고 하였다"(『희년서』 4:29-30). "아담은 네가 그것을 먹는 날에는 그날에 너는 죽을 것이라는 말을 들었다. 실제로 우리는 그가 천 년을 완전히 채우지 못했다는 사실을 알고 있다. 그래서 우리는 주의 하루가 천 년이라는 표현을 이렇게 확신하면서 이해하고 있다"(순교자 유스티누스, 『트리포와의 대화』 81:3).[6]

『희년서』(Book of Jubilees)

창세기와 출애굽기의 내용을 바탕으로 재해석하고 확대한 유대교 문헌으로, 히브리어로 기록되었으며 기원전 2세기경에 만들어진 것으로 추정된다. 가톨릭과 개신교 정경에는 포함되지 않지만 에티오피아 정교회에서는 정경으로 인정받는다. 유대교 내에서는 제2성전기 유대 경건주의의 흐름을 대표하는 문서로 평가된다.

이 책의 주요 특징은 다음과 같다.

- 시간을 '희년'(jubilee, 49년 단위)과 그 하위 단위인 7년 단위로 조직하여 인류 역사를 체계적으로 배열한다. 이러한 독특한 연대 체계에는 인간 역사에 대한 하나님의 주권적 질서를 강조하려는 목적이 있다.
- 본문은 모세가 시내산에서 받은 계시 형태로 구성되어 있으며, 천사들의 입을 통해 창세기와 출애굽기 내용이 새롭게 설명된다.
- 율법 중심적이며 토라의 엄격한 해석과 실천을 강조한다. 안식일, 절

　　　　　　　　　　　　　　　　　　　태초에 질문이 있었다

기, 음식법 등 율법 규례를 엄격히 지키는 것이 구원과 직결된다는 관점을 드러낸다.

- 천사론, 창조 이전 악의 기원, 인간 타락과 죄의 전승 등 창세기에 암시된 내용을 신학적으로 확장시킨다. 예를 들어 감찰자들(Watchers)과 거인 이야기가 등장하며, 인간 사회의 죄악이 영적 존재들과 연결되어 있음을 설명한다.
- 창세기의 일부 인물과 사건들을 재구성하거나 윤리적·율법적 해석을 덧붙이며 이상화한다. 예를 들어 야곱과 요셉은 더욱 경건하고 모범적인 인물로 묘사된다.

『희년서』는 쿰란 공동체가 소중히 여긴 문서 중 하나로, 사해 동굴에서도 사본이 발견되었다. 이 책은 성경 정경과 외경(또는 위경) 사이에 위치한, 토라 해석 전통의 중요한 열쇠로 여겨지며 유대교와 초기 기독교 사이의 신학적 간극을 이해하는 데 중요한 자료다.

『트리포와의 대화』(*Dialogue with Trypho*)

초기 기독교 변증가인 순교자 유스티누스가 쓴 가장 중요한 저작 가운데 하나로, 기독교와 유대교의 차이를 신학적으로 조명한 문헌이다. 이 책은 로마 제국 시대의 유대인 트리포(Trypho)와 유스티누스 사이에 이루어진 긴 대화로 구성되었으며, 기독교 신앙이 유대교의 토대를 어떻게 계승하고 동시에 어떻게 넘어서는지 보여주려는 목적이 있다.

트리포는 실존 인물이라기보다는 당시 유대교 입장을 대표하는 가상의 논객이다. 유스티누스는 기독교가 단지 새로운 종교가 아니라 구약에 예언된 메시아 신앙의 완성이라고 주장한다. 대화의 핵심은 다음과 같다.

- **예수는 구약에 예언된 메시아다**: 유스티누스는 이사야, 시편, 창세기 등 다양한 구약 본문을 인용하여, 예수 그리스도의 삶과 죽음, 부활이 모두 예언되어 있었다고 설명한다.
- **율법은 잠정적이며 예수 안에서 성취되었다**: 유대교가 중요하게 여

기는 할례, 안식일, 음식 규례 등은 모두 그리스도 안에서 의미가 완
  성되었기에 더 이상 문자 그대로 지켜야 할 규범이 아니라는 주장을
  펼친다.
- **참된 이스라엘은 그리스도를 믿는 자들이다**: 혈통적 이스라엘이 아
  니라 예수를 믿는 모든 이들이 새로운 하나님의 백성이며, 교회가 이
  제 하나님 언약의 중심이라는 해석이 등장한다.
- **그리스도는 하나님의 말씀(로고스)이자 신적 존재다**: 유스티누스는
  플라톤적 '로고스 개념'을 차용하여 예수를 설명함으로써, 헬라 철학
  에 익숙한 독자들에게 기독교를 설득력 있게 제시한다.

『트리포와의 대화』는 단순한 논쟁이 아니라 유대교와의 관계 속에서 기독교
정체성을 세우려는 초기 시도로, 매우 중요한 문서다. 또한 구약성경 해석 방
식, 메시아 사상, 율법의 의미, 교회론 등 다양한 신학적 주제를 담고 있어 초
기 기독교의 자기 이해와 성경 해석 방식을 엿볼 수 있는 중요한 자료로 평가
된다.

이러한 해석은 하나님의 명령이 어긋나지 않았음을 입증하려
는 일종의 변증입니다. 이를 하나님의 '인테그리티'(Integrity), 곧
하나님의 진실성과 일관성을 지키려는 신학적 방어 또는 변호라고
부릅니다. 그런데 이 설명은 설득력이 약합니다. 말 안 듣는 자녀
에게 "너, 이렇게 하면 930년 뒤에 혼날 거야"라고 부모가 혼낸다
면 과연 그 말이 효과가 있을까요? 1년 뒤에 혼난다고 해도 아이
는 심각하게 받아들이지 않을 것입니다. "먹는 날에 죽으리라"는
하나님의 말씀이 수백 년 뒤에 이루어졌다는 해석은 오히려 말씀
이 지닌 긴장감과 두려움을 희석시키는 결과를 낳습니다.
　　이런 방식의 해석이 지닌 본질적 문제는 본문이 말하지 않은

것을 통해 본문을 해석하려 한다는 점입니다. "먹는 날에 죽으리라"
는 하나님의 명령과 그 뒤에 이어지는 성경의 이야기에는 빈자리
가 있습니다. 빈자리를 억지로 메우기보다는 있는 그대로 바라보
며 질문을 품는 자세가 더 바람직합니다. 성경이 말하지 않은 바를
설명하려고 애쓰는 것은 좋은 해석자나 독자의 태도가 아닙니다.

창세기 3장의 주인공은 '죽음'인가?

"네가 먹는 날에는 반드시 죽으리라"는 말씀에서는 '죽음'에
무게가 실립니다. 하나님이 주시는 명령의 엄중함을 잘 아는 신앙
인이라면 지극히 당연하고 바람직한 관점입니다. '죽음의 기원', 곧
인간이 죽을 수밖에 없는 존재가 되었음을 설명하는 이야기로 창
세기 3장을 해석하는 것은 자연스러운 귀결로 보입니다.

하지만 여기서는 창세기 3장 전체를 꼼꼼히 읽어 보려 합니다.
죽음이 이야기의 주인공인지 여부는, '죽음'이라는 단어가 실제로
몇 번 등장하는지 세어 보면서 본문을 세밀히 읽을 때 확인됩니다.
3장에서 '죽음'이라는 단어는 단 두 번, 그것도 뱀과 하와의 대화에
서만 언급됩니다. 하와는 뱀에게 이렇게 말합니다.

"동산 중앙에 있는 나무의 열매는 하나님의 말씀에 너희는

먹지도 말고 만지지도 말라. 너희가 **죽을까 하노라** 하셨느니라"

(창 3:3).

이 구절에서 "죽을까 하노라"는 다소 모호한 번역으로 느껴질 것입니다. 그러나 '죽을 가능성이 있다'는 식으로 하와가 하나님의 명령을 '약화'시킨 것이 아닙니다. 히브리어 문장의 실제 의미는 모호하지 않습니다. '죽지 않으려면 먹지도 말고 만지지도 말라'는 뜻입니다. 뱀은 이를 반박합니다.

"너희가 결코 **죽지 아니하리라**"(창 3:4).

창세기 3장 전체를 통틀어 이 두 구절에서만 '죽음'이 언급됩니다. 이후 하나님의 말씀에는 '죽음'이 전혀 등장하지 않습니다. 하나님은 선악과를 먹기 전에는 '먹으면 죽는다'고 으름장을 놓으셨지만 그들이 선악과를 먹은 후에는 이렇게 말씀하십니다.

"이르시되 누가 너의 벗었음을 네게 알렸느냐. **내가 네게 먹지 말라 명한** 그 나무 열매를 네가 먹었느냐"(창 3:11).
"아담에게 이르시되 네가 네 아내의 말을 듣고 **내가 네게 먹지 말라 한** 나무의 열매를 먹었은즉 땅은 너로 말미암아 저주를 받고 너는 네 평생에 수고하여야 그 소산을 먹으리라"(창 3:17).

'먹지 말라'는 명령만 강조될 뿐 '반드시 죽으리라'는 표현은 생략되어 있다는 것에 주목하시기 바랍니다. 물론 죽는다고 표현하지 않아도 그 뜻은 내포되어 있는 것 아니냐고 '해석'할 수는 있습니다. 하지만 여기서 강조하고 싶은 성경 읽기는 성경에 없는 표현을 채워 넣는 방식이 아니라, 성경의 표현 자체에 집중하는 읽기입니다. 하나님은 '내가 네게 **먹으면 반드시 죽는다고** 말한 그 나무 열매를 네가 먹었느냐'는 식으로 얼마든지 말씀하실 수 있었습니다. 어려운 표현도 아닙니다. 하지만 성경이 하나님의 말씀을 그렇게 기록하지 않았다는 작은 사실을 놓치면 안 됩니다. 이어지는 하나님의 말씀을 살펴보겠습니다.

> "네가 **흙으로 돌아갈 때까지** 얼굴에 땀을 흘려야 먹을 것을 먹으리니 네가 그것에서 취함을 입었음이라. 너는 흙이니 **흙으로 돌아갈 것이니라** 하시니라"(창 3:19).
>
> "여호와 하나님이 이르시되 보라, 이 사람이 선악을 아는 일에 우리 중 하나 같이 되었으니 그가 그의 손을 들어 생명나무 열매도 따먹고 **영생할까 하노라** 하시고"(창 3:22).

흥미로운 사실은 하나님의 말씀에 '죽음'이 등장하지 않는다는 것입니다. '죽음'이 '흙으로 돌아가다'라는 숙어적 표현으로 대치되었습니다. 하나님은 오히려 아담이 죽지 않고 영원히 살 것을 걱정하십니다("영생할까 하노라"). 결국 이것도 죽음을 나타내는 말인데, 이상하게도 하나님은 '죽음'이라는 단어를 사용하지 않으시고 의도적으로 에둘러 말씀하시는 듯합니다.

하나님께서 아담과 하와에게 내리신 '저주'의 말씀도 그 표현을 들여다보면 '죽음'이 아니라 '삶'을 말합니다. 불순종 이후 그들의 '삶'이 어떻게 변화될 것인지가 관건입니다.

하나님은 하와에게 이렇게 말씀하십니다.

> "내가 네게 임신하는 고통을 크게 더하리니 **네가 수고하고 자식을 낳을 것이며**"(창 3:16).

하와에게 내려진 저주는 '죽음의 저주'가 아닙니다. 이후에 이어지는 본문은 자식을 낳는 이야기이고 생명을 이어 가는 이야기입니다. 물론 그 과정은 고통스러울 것입니다. 그러나 하나님의 관심은 죽음에 있지 않고 생명을 이어 가는 데 있다는 사실을 주목해야 합니다.

아담에게 하신 말씀도 마찬가지입니다.

> "너는 **네 평생에 수고하여야 그 소산을 먹으리라**"(창 3:17).

여기서 "평생"은 히브리어로 '네가 살아 있는 모든 날 동안'이라는 뜻을 지니고 있습니다. '살아 있음'을 전제로 하는 말입니다. 삶이 끝나는 날까지 그는 땅을 일구며 살아가야 합니다. "얼굴에 땀을 흘려야"(창 3:19) 먹고살 수 있다 하더라도 이는 죽음에 관한 것이 아닙니다. 삶에 관한 것이고 생명에 관한 것입니다.

선악과를 먹은 아담과 하와에게 하신 하나님의 말씀은, '죽을

것이다’라는 선언이 아니라 ‘죽을 때까지 최선을 다해 살아가야 한
다’는 선언처럼 읽힙니다. ‘죽음’이라는 단어가 사라지고 삶의 무게
가 강조됩니다. 하나님은 죽음이 아니라 삶의 변화, 관계의 재조정,
인간 존재의 조건을 새롭게 그려 내는 데 더 집중하고 계십니다.

하나님의 말씀이 끝나고 나서 이어지는 이야기는 다음과 같습
니다.

> “아담이 그의 아내의 이름을 하와라 불렀으니 그는 **모든 산 자의
> 어머니가** 됨이더라”(창 3:20).

아담은 아내에게 “하와”라는 이름을 붙이며 ‘모든 살아 있는
것의 어머니’라고 부릅니다. ‘모든 죽을 것의 어머니’가 아닙니다.
‘하와’(חַוָּה)는 ‘살다, 생명을 주다’를 뜻하는 동사 ‘하야’(חָיָה)에서 유
래한 이름입니다. 생명을 잉태하고 세상에 생기를 불어넣는 존재,
‘하와’는 바로 그런 이름입니다.

만일 창세기 3장이 ‘불순종의 죄로 인한 죽음의 기원’ 이야기
라면 “모든 산 자의 어머니”만큼 어울리지 않는 이름이 있을까요?
창세기 3장의 마지막 구절은 다시 질문하게 만듭니다. 과연 창세
기 3장의 주제는 ‘죽음’인가? 하나님은 ‘죽음’이라는 단어를 직접
사용하지 않으셨습니다. 고통스럽더라도 살아야 한다고 하셨고,
수고로이 땀 흘리며 먹고살라고 하십니다. 죽도록 고통스러운 산
고를 겪으면서도 생명을 잉태하며 살아야 한다고 말씀하십니다. 인

류는 그 말씀대로 살아 왔고, 21세기 이 땅에 사는 우리도 모두 그렇게 살아가고 있습니다. 붉은 땅(아다마)에서 창조된 인류(아담)는 다시 붉은 땅으로 돌아갈 때까지 생명을 탄생시키는 존재(하와)로 살아갑니다.

더 근본적인 신학적 문제: '전적 타락'

흔히 '전적 타락'(Total Depravity)은 아담과 하와의 불순종으로 인간이 하나님의 형상을 상실하고, 신의 창조 목적을 거스른 것으로 이해됩니다. 그러나 앞서 우리는 '하나님의 형상'이 상실되었다는 해석에 문제를 제기했고, 에덴동산을 '다스리고 지키는 것'이 창조 목적이라는 주장도 신중하게 재검토해야 한다고 언급했습니다.

창세기 3장의 하나님 말씀에서 '죽음'이라는 단어가 쓰이지 않았듯 '죄'도 3장에 등장하지 않습니다. '죄'라는 개념은 흔히 수직적인 틀, 곧 하나님의 명령을 어기는 것에서 출발하기 때문에, 창세기 3장은 저절로 '첫 죄' 이야기로 해석되곤 합니다. 3장을 '죄' 혹은 '원죄'에 관한 것으로 '해석'할 수는 있지만 '죄'라는 말이 성경에 처음 등장하는 곳은 창세기 4장, 곧 가인과 아벨 이야기입니다.

'죽음'과 '추방'이 죄의 결과라고 가정할 경우 '죽음으로부터의 해방'과 '에덴동산 귀환'은 삶의 목표가 됩니다. 인간은 원래 영원히 사는 불멸의 존재였는데 죄 때문에 죽음을 얻었으니 영생을 회복해야 한다는 내러티브도 만들어집니다. 하지만 이 전제가 본문과 얼마나 일치하는지는 면밀히 살펴야 합니다.

창세기 3장이 끝나고 4장이 시작되면서 에덴에서 추방된 아담과 하와는 새로운 삶을 시작합니다. 하와는 첫아이를 낳으며 이렇게 말합니다.

"내가 여호와로 말미암아 득남하였다"(창 4:1).

여기서 하와는 하나님을 언급합니다. 성경에서 "여호와"라는 이름을 입 밖에 낸 첫 인물은 놀랍게도 하와입니다. "여호와 하나님이 에덴동산에서 그를 내보내어"(창 3:23)와 "이같이 하나님이 그 사람을 쫓아내시고"(창 3:24)라는 말씀을 강조하면, 하나님과 인간의 관계가 단절되었다고 해석할 수도 있습니다. 그러나 이어지는 장에서 하와는 생명의 잉태가 하나님에게서 왔음을 고백합니다. 이는 하나님과의 관계가 단절되지 않았음을 보여주는 중요한 증거입니다.

이후 가인과 아벨이 하나님께 제물을 드리고, 하나님은 그 제사에 응답하십니다. 하나님과 인간 사이의 관계가 단절되었다면 왜 하나님은 아벨의 제사를 받으셨을까요? 이미 관계가 단절되었다면 왜 범죄한 가인에게 직접 말씀하실까요? 가인에게 나타나신 하나님은 죄를 다스려야 한다고 권면하십니다(창 4:7). '죄'라는 단어가 성경에 처음 등장합니다.

4장에서 '죄'라는 단어는 하나님과 인간의 관계가 끊어지지 않은 상태에서 등장하며, 하나님의 명령을 어긴 '수직적 관계'보다 형제를 살해한 '수평적 관계'와 관련됨을 명심해야 합니다. 우리의 신학 체계와 실제 본문 사이에는 간극이 있습니다. 본문을 해석하고 그 해석을 신학적으로 정립하는 것보다 중요한 것은, 텍스트를 꼼꼼하게 읽고 그 안에서 질문을 던지며 신중하게 의미를 더듬어 가는 작업입니다.

이 시점에서 다음과 같은 질문을 던질 수 있습니다. 선악과를 먹기 전까지 인간은 선악을 아는 존재가 아니었습니다. 그렇다면 생명나무 열매를 먹기 전 인간은 어땠을까요? 선악과를 먹어야 선악을 아는 능력이 생기듯 생명나무 열매를 먹어야 영생하는 능력이 생긴다고 볼 수 있습니다. 그래서 하나님은 인간이 생명나무 열매를 먹고 영생하는 것을 막기 위해 그들을 에덴에서 쫓아내 생명나무에서 분리시키셨습니다. 이런 관점에서 볼 때, 생명나무를 먹기 전 인간이 불멸의 존재였다고 보기는 어렵습니다. 창세기는 인간을 '아다마'의 흙으로 창조된, 결국 그 흙으로 돌아가는 존재로 묘사합니다. 따라서 인간은 원래부터 유한한 존재였다고 해석할 여지가 충분합니다.

또한 선악과를 먹은 인간에게 나타난 변화는 실제적인 무엇이라기보다 자신의 벌거벗음이 부끄럽다는 사실을 깨달은 것이었습니다. 그래서 몸을 가리기 위해 옷을 입게 되었습니다. 통일교, JMS, 신천지 같은 곳에서는 창세기 3장을 두고 과도한 해석을 하면서 성적인 의미를 부여하는 경향이 있습니다. 이는 창세기 3장을 지나치게 확장시켜 해석하는 것이며, 이단적 해석으로 흘러갑니다.

본문은 선악과를 먹고 난 뒤 인간이 자신이 벌거벗고 있다는 사실을 깨닫고 부끄러움을 느꼈다고 기록합니다. 이것은 인간과 동물의 차이를 설명하는 요소로 이해할 수 있습니다. 동물은 옷을 입지 않아도 되며, 입지 않아도 부끄러움을 느끼지 않습니다. 그러나 인간은 벌거벗음을 부끄러워하고 이를 감추려는 존재입니다.

따라서 창세기 3장이 전하려는 핵심은 하나님과 인간 그리고 자연세계 사이의 관계 설정과 연관됩니다. 창세기 1장에서는 이를 '지배와 다스림'이라는 개념으로 설명했습니다. 그러나 2장부터 이어지는 창조 이야기에서는 하나님-인간-자연세계의 관계 설정을 다음과 같이 설명합니다. 하나님은 불멸하는 존재이며, 무엇이 좋고 무엇이 나쁜지, 곧 선과 악을 아는 존재입니다. 인간은 죽음을 피할 수 없는 존재이지만 동물은 알지 못하는, '벌거벗은 것은 부끄러운 것'이라는 개념을 가진 존재입니다. 반면 자연세계는 인간이 느끼는 부끄러움을 느끼지 못하는 존재입니다.

창세기 3장은 이 정도로 이해하는 것이 적절합니다. 과도하게 의미를 부여하면 본문을 왜곡할 위험이 큽니다. 실제로 창세기 3장은 성경에서 가장 다양한 해석이 존재하는 본문 가운데 하나이며, 본문에 없는 해석들이 덧붙으면서 오랫동안 논란이 되어 왔습니다. 그러나 하나님과 인간, 자연세계의 관계 설정이라는 기본적 해석에 충실히 접근한다면 안전합니다.

창세기 3장이 말하는 것들

지금까지의 내용을 정리하면 다음과 같습니다.

첫째, '죽음'은 창세기 3장의 핵심 단어가 아닙니다. 아담의 역할은 농부로 땅을 섬기는 것이고, 하와는 생명을 잉태하는 자로 묘사됩니다. 이 역할은 이후에도 변하지 않습니다. 단지 그 역할이 수고롭고 고통스럽게 변했다는 점이 강조될 뿐입니다. 하나님은 단 한 번의 죽음을 선고한 것이 아니라 죽을 때까지 살아야 하는 삶의 고단함을 말씀하십니다. 본문 안에는 '죄'라는 단어가 등장하지 않습니다.

둘째, 인간은 흙으로 지음받은 유한한 존재로 그려집니다. 만일 인간이 선악과를 먹기 전 불멸의 존재였고, 선악과 사건 이후 죽게 되었다고 해석한다면 생명나무 열매를 먹어야 영생할 수 있다는 창세기 3장의 구조와 충돌합니다. 선과 악을 알기 위해 선악과를 먹은 것처럼, 영생 역시 생명나무 열매를 통해 얻습니다. 이는 인간이 애초에 불멸의 존재가 아니었음을 시사합니다.

셋째, 창세기 3장은 무엇이 좋고 무엇이 나쁜지 분별할 수 있는 존재로 인간이 변화되는 과정을 보여줍니다. 그러므로 인간의 타락 이야기보다는 좋은 것과 나쁜 것 사이에서 선택할 능력을 가지는 이야기로 보는 것이 적절합니다. 이어지는 4장에서 인간은 최초로 나쁜 것(악)을 선택합니다. 그리고 하나님은 그것을 '죄'로 규정하십니다. 창세기 3장은 전적 타락의 교리를 정립하는 본문이라기보다 창세기 4장의 이야기로 넘어가는 전제로 이해될 수 있습니다. 이 흐름의 연장선상에서 이제 가인의 제사 이야기로 넘어가겠습니다.

2. 가인의 제사와 수직적 해석

가인의 제사 사건 해석은 본문에 없는 설명을 보충하려는 시도에서 시작되곤 했습니다. 하나님께서 가인의 제사를 받지 않으시고 아벨의 제사는 받으셨다는 사실은 기록되어 있지만 그 이유는 명확히 드러나지 않습니다. 흔히 아벨이 "양의 첫 새끼와 그 기름"을 드렸다는 점에 착안하여 가인은 '첫 열매'를 드리지 않았기 때문이라고 설명됩니다. 하지만 이러한 해석은 본문에 없는 추정에 근거한 것입니다. 4장을 살펴보아도 제사는 반드시 첫 열매를 드려야 한다고 하나님이 가인과 아벨에게 말씀하신 내용은 없습니다. 심지어 제사를 드리라는 명령조차 없습니다. 그렇다면 무엇이 문제일까요?

창세기 4:1-5은 다음과 같이 전개됩니다. 본문을 세 부분으로 나누겠습니다.

1) "아담이 그의 아내 하와와 동침하매 하와가 임신하여 가인을 낳고 이르되 내가 여호와로 말미암아 득남하였다 하니라"(창 4:1).

2) "그가 또 가인의 아우 아벨을 낳았는데 아벨은 양 치는 자였고 가인은 농사하는 자였더라"(창 4:2).

3) "세월이 지난 후에 가인은 땅의 소산으로 제물을 삼아 여호와께 드렸고, 아벨은 자기도 양의 첫 새끼와 그 기름으로 드렸더니 여호와께서 아벨과 그의 제물은 받으셨으나 가인과 그의 제물은 받지 아니하신지라. 가인이 몹시 분하여 안색이 변하니"(창 4:3-5).

'왜 가인의 제사를 받지 않으셨는가'라는 질문에 지금까지 다양한 해석이 제시되었습니다. 1) 하와가 가인을 낳았다는 사실을 문제 삼거나, 2) 농사하는 자와 양 치는 자의 차이에서 의미를 찾기도 했습니다. 또한 우리 시대의 흔한 해석으로 3) 제물의 '질적 차이'에 주목하여 '첫 새끼' 또는 '기름'이라는 표현이 가진 상징적 의미를 강조하기도 했습니다. 이처럼 다양한 이유가 제시되었다는 사실은 하나님께서 가인의 제사를 거절한 이유를 성경이 명확히 설명하지 않는다는 점을 역으로 나타냅니다. 이 해석들은 성경의 빈자리를 메우려는 다양한 시도일 뿐임을 잊으면 안 됩니다. 어떤 해석도 정답이 될 수는 없습니다.

1) 가인은 사탄의 자식이다?

첫 번째 해석부터 살펴보겠습니다. 1절의 본문은 이렇습니다.

"아담이 그의 아내 하와와 동침하매 하와가 임신하여 가인을
낳고 이르되 내가 여호와로 말미암아 득남하였다 하니라"
(창 4:1).

וְהָאָדָם יָדַע אֶת־חַוָּה אִשְׁתּוֹ וַתַּהַר וַתֵּלֶד אֶת־קַיִן וַתֹּאמֶר קָנִיתִי אִישׁ אֶת־יְהוָה
(베하아담 야다으 에트-합바 이쉬토 밧타하르 밧텔레드 에트-카인

밧토메르 카니티 이쉬 에트-아도나이)

원문을 직역하면 다음과 같습니다.

"그 남자가 그의 아내 하와를 알았다. 그녀가 임신했다. 그녀가
가인을 낳았다. 그녀가 말했다. '내가 YHWH와 더불어 남자를
얻었다.'"

고대 주석 가운데 하나인 『타르굼 요나단 위서』(*Pseudo-Jona-*
than)는 이 구절을 매우 특이하게 해석합니다. 이 타르굼은 하와가
천사 '샤마엘'(Samael), 곧 사탄과 동침해 가인을 낳았다고 기록합
니다.

"아담은 자신의 아내 하와가 천사 샤마엘(Satan)과 동침하여
임신하여 가인을 낳았다는 것을 알았다. 그는 사람이 아니라
천사와 같았고, 그래서 하와는 말하기를 '내가 남자를 얻었는데

정말 여호와의 천사와 같았다.'"7

『타르굼 요나단 위서』(*Pseudo-Jonathan*)

『타르굼 요나단 위서』(『요나단 위서』)는 히브리어 성경의 아람어 번역본, 즉 타르굼(Targum) 중 하나로 특히 모세오경(토라)의 번역과 해석을 담은 문서다. 요나단의 타르굼이라는 전통적 명칭을 따르지만, 실제로는 요나단 벤 웃시엘(Jonathan ben Uzziel)과는 관련이 없는 가명의 저작이므로 '가짜 요나단'이라는 뜻에서 요나단 위서(*Pseudo-Jonathan*)로 부른다.

- **시기와 배경:** 일반적으로 기원후 7세기 전후 팔레스타인이나 바빌론 유대 공동체에서 제작되었다고 본다. 아람어는 당시 유대인의 일상어였기 때문에, 성경을 쉽게 풀어 설명하려는 목적에서 이런 타르굼들이 기록되었다.
- **본문의 성격:** 히브리어 성경을 아람어로 단순 번역한 것이 아니라 설명, 해석, 민간 전승, 신화적 요소, 신학적 교훈 등이 많이 포함되었다. 즉 오늘날의 성경 주석처럼 기능한 것이다.
- **서술 방식:** 타르굼은 종종 히브리어 본문보다 분량이 훨씬 늘어난다. 성경 내용을 풍성하게 풀어 주는 동시에 당대 유대인의 신학, 종말론, 윤리관 등을 반영하기 때문이다. 예를 들어, 뱀이 하와를 유혹하는 창세기 3장 장면에서 『요나단 위서』는 단지 뱀이 말했다고 하지 않고 하와와 나눈 대화를 더욱 확장시키며, 유혹의 심리와 신학적 배경까지 설명한다. 때로는 천사, 마귀, 메시아적 암시까지 삽입하여 원문보다 훨씬 다층적이고 상징적인 해석을 제공한다.
- **신학적 의의:** 『요나단 위서』는 타르굼 가운데 가장 방대한 주석적 성격의 문서로, 당시 유대 사회에서 성경이 어떻게 이해되고 가르쳐졌는지 보여주는 귀중한 자료다. 특히 유대 전통에서 구전된 전승이나 해석들이 이 문서에 녹아 있어 제2성전기 이후 유대교 신학과 경건 전통 연구에 필수적인 문헌이다.

태초에 질문이 있었다

즉 가인은 본래부터 아담의 자식이 아니라 사탄의 자식이었다는 주장입니다. 후기 유대 해석 전통, 특히 제2성전기 이후 해석 가운데 일부는 이러한 상상력을 바탕으로 '가인은 태생적으로 악한 자'라는 틀을 만들어 냅니다. 쿠걸의 설명을 따르면, '가인은 사탄의 아들이기 때문에 아벨을 죽인 것'이라는 해석이 고대 유대 전통 안에 비교적 널리 퍼져 있었다고 합니다.[8] 그러나 이러한 해석은 본문에 존재하지 않는 내용을 삽입함으로써 성경 전체의 흐름을 왜곡합니다. 성경은 '아담이 하와를 알았다'고 명확히 서술하고 있으며, 그 사이에 제3의 존재가 개입되었다는 어떤 암시도 없습니다.

2) 유목 문화와 농경 문화의 대립

이제 4:2을 문제 삼는 두 번째 해석을 살펴보겠습니다. "아벨은 양 치는 자였고 가인은 농사하는 자였더라"라는 본문으로부터, "양 치는 자" 아벨은 오래된 유목 전통을 상징하고 "농사하는 자" 가인은 농경 문화를 상징한다는 해석입니다. 인류 문명사의 큰 흐름 속에서 유목 문화가 점차 소멸되고 농경 정착 문화가 중심이 되어 가는 서사를 창세기 4장 안에서 포착하려는 시도로서, 아주 흥미로운 문화인류학적 접근법입니다. 그러나 이 해석은 수렵과 채집이라는 단순한 생존 방식에서 유목 문화를 거쳐 농경 정착 문화와 도시 문화가 이어진다는 단선적이자 진화론적인 역사 이해를 바탕으로 합니다.

이는 20세기 중후반 이후로 유행했던 해석인데, '유목과 농경의 대립'이라는 틀은 기독교 외부에서도 널리 받아들여지지만 창세기 본문의 내러티브와 일치하지는 않습니다. 만일 유목 문화가 원형이고 농경 문화가 그 이후에 등장한 패러다임이라면 유목을 상징하는 아벨이 형으로, 농경을 대표하는 가인이 동생으로 등장했어야 합니다. 그러나 본문은 가인을 형으로, 아벨을 동생으로 표현합니다. 문명사의 순서가 뒤집힌 셈입니다. 아버지 아담도 아벨처럼 양치기였다면 이 해석은 좀 더 잘 맞았을 것입니다. 그러나 성경은 인류 최초의 인간 아담을 가인과 같은 농부로 설정합니다. 또한 창세기 2장부터 이미 인간은 '땅을 경작하고 지키는 존재'로 묘사됩니다. 이는 유목민의 삶이 아니라 정착민의 삶을 전제로 합니다. 에덴동산 자체가 정착된 공간으로 설정되어 있고, 인간은 거기서 안식하며 사는(혹은 살았어야 하는) 존재였습니다

농경과 목축은 상호 배타적 문화가 아닙니다. 오늘날에도 농촌 지역에 가 보면 농사와 목축이 함께 이루어지는 복합적인 생활 구조를 흔히 볼 수 있습니다. 이를 굳이 대결 구도로 설정할 필요는 없습니다. 현대 인류학에서는 이를 '패스토럴리즘'(pastoralism)이라고 부르며, 정착 생활을 기본으로 하되 농업과 목축이 동시에 이루어지는 방식으로 이해합니다. 성경은 가인과 아벨 이야기를 문화와 문화의 충돌이 아니라 한 가족 안에서 벌어진 갈등과 폭력의 문제로 다룹니다. 문명사적 투쟁의 프레임에 억지로 끼워맞추는 해석은 본문을 더 복잡하게 만들 뿐입니다. 창세기 4장은 그러한 이야기를 하고 있지 않습니다.

농경과 목축이 함께 공존하는 생활양식은 혼합형 목축(mixed farming), 혹은 애그로-패스토럴리즘(agro-pastoralism)이라 불린다. 두 축(농경과 목축) 모두에 주요 생계 활동의 기반이 있으며, 이는 계절과 생태적 조건에 따라 유연하게 조절된다. 노동력(소), 이동 수단(낙타, 말), 비료 공급(분뇨), 식량(유제품, 고기) 등 가축은 다양한 방식으로 농업 생산을 지원한다. 농경은 사람들에게 식량을 제공할 뿐 아니라 가축 사료(곡물, 건초)를 생산하는 역할을 한다.

이러한 시스템은 건조 지대나 경작이 어려운 지역에서 흔히 나타나며, 생태적 위험을 분산시키는 전략으로 이해된다. 경제적 다양성을 통해 기후 변화나 작황 부진 등 환경 충격에 대한 적응력을 높이려는 것이다.

동아프리카 마사이족, 중앙아시아 키르기스족 등이 전통적인 애그로-패스토럴리즘의 사례로 자주 연구된다. 창세기에 등장하는 생활양식도 유목(nomadism)이 아니라 애그로-패스토럴리즘으로 이해하는 것이 적절하다.

- 아브라함과 이삭, 야곱은 장막을 치고 양과 소, 나귀 등 많은 가축을 소유한 사람들로 묘사된다. 그들은 계절 이동을 했지만 지속적 이동(nomadism)이 아니라 목초지를 확보하려는 제한적 이동(transhumance)이었다. 또한 농경적 요소도 발견된다. 예컨대 이삭은 농사를 지어 그해 백 배의 수확을 얻었다고 기록되어 있다(창 26:12). 이스라엘의 조상들은 농경과 목축을 병행하였고, 가족 중심의 소규모 공동체 단위로 장기 거주했다.
- **고고학적 증거:** 가나안 후기 청동기 및 초기 철기 시대(이스라엘 정착 시기) 유적에서 발견되는 마을 구조는 정착 농경 및 목축 생활을 기반으로 한 작은 공동체의 생활상을 보여준다. 가축의 뼈, 곡물 저장고, 간이 성소 등은 유목적 이동성보다는 정주적 요소가 강한 생활양식을 나타낸다.
- **신학적 의의:** 땅과의 연결성은 이스라엘 신앙의 핵심이다. 땅의 소유는 유목민에게 의미가 없지만 농경과 목축으로 사는 자들에게는 절대적 가치다. 하나님과의 언약은 땅에 대한 약속에서 구체화되며, 이는

정착 생활을 전제한다. 하나님의 언약이 최초로 주어진 이스라엘 조상들은 땅과 긴밀히 연결된 존재이지만, 동시에 아직 뿌리내릴 자신의 땅이 없는 자들이었다. 이 둘의 긴장과 간극 사이에 믿음의 조상들의 역사가 펼쳐진다.

창세기 4:2의 "농사하는 자"는 히브리어로 '오베드 아다마'(עֹבֵד אֲדָמָה)이며, '땅을 섬기는 자'를 의미합니다. 따라서 가인은 '아담'에게 처음으로 주어진 인류 본연의 역할을 수행하는 사람이라는 뜻이 됩니다. 혹자는 이 구절을 창세기 3:17("땅은 너로 말미암아 저주를 받고")과 연결하여, 가인이 '저주받은 땅을 섬기는 자'이기 때문에 그가 드린 제물은 저주받은 땅에서 나온 것이고, 바로 이것이 하나님께서 그의 제물을 받지 않으신 이유라고 해석합니다. 기발한 해석이지만 이 해석도 성경에서 명시적인 근거를 찾기 어렵습니다. 하나님은 가인에게 '네가 저주받은 제물을 주었기에 받을 수 없다'고 말씀하신 적이 없습니다.

덧붙여 창세기 3:17을 근거로, 우리가 사는 세계는 저주받은 곳이며 이 땅은 훼손되고 타락했으니 저 높은 곳에 소망을 두고 살아야 한다는 주장도 있습니다. 그러나 이 해석 역시 창세기 3장까지만 읽었을 때 가능한 해석입니다. 창세기 8:21에서 하나님은 "내가 다시는 사람으로 말미암아 땅을 저주하지 아니하리니"라고 말씀하십니다. 하나님의 은혜를 입은 노아는 '이쉬 하아다마'(אִישׁ הָאֲדָמָה), 곧 '땅의 사람'이라고 불립니다(창 9:20). 노아가 경작하는 땅은 더 이상 저주받은 땅이 아닙니다. 그리고 우리는 노아 홍수 이후 시대를 살고 있습니다.

3) 제물의 질적 차이 때문이다?

가장 널리 알려진 해석을 살펴보겠습니다. 해당 본문은 3절과 4절입니다.

> "세월이 지난 후에 가인은 땅의 소산으로 제물을 삼아 여호와께 드렸고 아벨은 자기도 양의 첫 새끼와 그 기름으로 드렸더니 여호와께서 아벨과 그의 제물은 받으셨으나"(창 4:3-4).

이 구절의 해석은 대체로 다음과 같습니다. '가인은 땅에서 난 곡식이나 열매 가운데 아무것이나 드렸지만, 아벨은 가장 소중하고 귀한 첫 번째 소산을 드렸기 때문에 아벨의 제사를 받으신 것이다.' 그러나 이러한 해석은 본문을 세밀히 읽어 보면 그 토대가 흔들립니다.

첫째, 히브리어 본문을 보면 가인이 드린 것은 '미프리 하아다마'(מִפְּרִי הָאֲדָמָה), 곧 '땅의 열매들 중에서'입니다. 땅을 경작하던 자인 가인이 그 소산을 하나님께 드린 것은 자연스러운 행위입니다. 반면 아벨이 드린 것은 '밋베코롯 초노'(מִבְּכֹרוֹת צֹאנוֹ), 곧 '양 떼의 만이들 중에서'였고, '메헬베헨'(וּמֵחֶלְבֵהֶן), 곧 그 기름도 함께 드렸습니다.

여기서 두 표현 모두 전치사 '민'(מִן)을 사용하는데, 전치사 '민'이 복수명사와 함께 쓰이면 여러 개 중의 하나 또는 일부를 뜻한다는 것이 중요합니다. 문법적으로는 '부분사(partitive) 용법'이라고 부릅니다. 가인과 아벨이 각자의 생업에서 나온 소산 중 일부를 드렸다는 뜻입니다. 아벨이 드린 '맏이들 중 일부'는 모든 양 떼 가운데 첫 번째 양을 의미하지 않습니다. 각각의 무리에서 첫 새끼들이 태어났을 것이고, 그중 하나 또는 일부를 제물로 드린 것입니다.

둘째, "(아벨은) 자기도"라고 번역된 '감-후'(גַם־הוּא)는, '그도 또한' 혹은 '그도 마찬가지로' 정도의 의미입니다. 가인이 제사를 드린 방식으로 아벨도 제사를 드렸다는 표현입니다. 이처럼 본문 자체는 제물의 질적인 차이를 강조하지 않습니다. 오히려 가인과 아벨 모두 각자의 처지에서 드릴 수 있는 최선의 것을 드렸다고 볼 수도 있습니다.

셋째, 무엇보다 중요한 점은 제사를 어떻게 드리라고 하나님께서 명하신 적이 없다는 것입니다. 레위기 제사법이 주어지기 전이며, 이들이 사전에 어떤 계시를 받았다는 기록도 없습니다. 따라서 가인이 어떤 규범을 어겼다고 말할 근거는 없습니다. 가인도 자신의 소산 중 일부를 자발적으로 하나님께 드린 것뿐입니다.

결국 가인이 '첫 열매'를 드리지 않았기 때문에 제사가 거절되었다는 해석은 본문에서 출발한 듯 보이지만, 전체 흐름 속에서 보면 오히려 본문이 말하지 않는 의미를 덧붙인 결과가 됩니다. 성경 본문은 가인과 아벨이 드린 제물이나 제사 방식의 차이를 직접 문제 삼지 않는다는 점이 정말 중요합니다. 하나님은 가인의 제물을 받지 않은 이유를 설명하지 않으셨습니다. 우리는 쉽게 그 빈자리를 특정한 신학적 상상력으로 채우고, '가인의 잘못'을 구성하려 합니다. 그러나 지나친 상상력을 자제할 때 성경 본문의 목소리를 들을 수 있습니다.

3. 가인의 제사, 무엇이 문제인가?

"여호와께서 아벨과 그의 제물은 받으셨으나 가인과 그의 제물은 받지 아니하신지라. 가인이 몹시 분하여 안색이 변하니"
(창 4:4-5).

여기서 "받으셨으나"는 히브리어로 '잇샤으'(שׁעה)인데, 단순히 수용의 의미보다는 '쳐다보다', '눈길을 주다', '돌아보다' 등을 뜻합니다. 아벨과 달리 가인과 그의 제물은 외면받은 셈입니다. 그러나 그 이유는 본문 어디에도 명확히 드러나지 않습니다.

이 지점에서 우리는 또다시 '성경의 빈자리'를 마주하게 됩니다. 왜 그랬을까? 어떤 차이가 있었을까? 왜 아벨은 옳았고 가인은 틀렸을까? 우리의 궁금함을 해결하려는 해석의 욕망이 이러한 질문을 만들지만 정작 본문은 그 답에 관심이 없습니다.

본문이 주목하는 것은 오히려 결과입니다. "가인이 몹시 분하여 안색이 변하니.” 이 표현은 히브리어로 ‘이플루 파나브’(יִפְּלוּ פָנָיו), 곧 ‘그의 얼굴이 떨어졌다’는 뜻입니다. 직역하면 ‘고개를 떨구었다’는 의미가 되는데, 우리말에서 ‘고개를 떨구다’는 낙담과 의기소침을 뜻하기 때문에 히브리어 원문을 직역하면 원의미와 멀어집니다. 히브리어에서 얼굴을 아래로 떨어뜨리는 행위는 화가 난 상태를 의미합니다. 따라서 개역개정의 “안색이 변하니”는 의역이지만 원문의 의미를 잘 살린 번역이라 할 수 있습니다.

하나님께서 왜 가인의 제사를 받지 않으셨는지는 그 이후에도 설명되지 않습니다. 그것은 본문의 핵심이 아닙니다. 창세기 4장은 ‘올바른 제사’가 무엇인지, ‘하나님이 기뻐하시는 제물’이 무엇인지를 설명하려는 본문이 아닙니다. 이 본문이 던지는 더 깊은 질문은 이것입니다. 질투와 분노로 가득 찼을 때 나는 형제를 어떻게 대해야 하는가?

본문이 말하고자 하는 중심은 바로 그 관계의 균열, 인간과 인간 사이에 벌어지는 긴장에 있습니다. 좋은 독자라면 가인의 제사가 왜 받아들여지지 않았는지에 집중하기보다는 그 이후 가인이 어떤 반응을 보였는지, 하나님은 그에게 어떤 질문을 던지셨는지에 귀를 기울여야 합니다. 창세기 4장의 바른 이해는 여기에서 시작됩니다.

하나님은 가인에게 말씀하십니다.

여호와께서 가인에게 이르시되 네가 분하여 함은 어찌 됨이며

 태초에 질문이 있었다

안색이 변함은 어찌 됨이냐. 네가 선을 행하면 어찌 낯을 들지 못하겠느냐. 선을 행하지 아니하면 죄가 문에 엎드려 있느니라. 죄가 너를 원하나 너는 죄를 다스릴지니라"(창 4:6-7).

왜 화를 내느냐? 왜 얼굴을 떨구느냐? 하나님은 가인의 감정에 주목하며 그에게 '얼굴을 들라'고 말씀하십니다. 죄가 문 앞에 엎드려 있지만 그 죄를 다스릴 수 있어야 한다고, 선과 악(죄) 중에 선을 선택해야 한다고 말씀하십니다. 위의 문장을 쉽게 번역하자면 이렇습니다. '가인아, 도대체 왜 얼굴을 파묻고 화를 내고 있느냐? 얼굴을 들어라. 지금 막 죄를 짓고 싶은 마음이 들 텐데, 그럴지라도 너는 분노를 다스릴 수 있어야 한다.'

창세기 4장의 핵심은 어떤 제사가 올바른 제사인지 따지는 것이 아니라, 우리의 분노가 타인과의 관계를 어떻게 무너뜨릴 수 있는지 문제를 제기하는 데 있습니다. 하나님께 드리는 올바른 제사라는 '수직적 율법'이 아니라 형제 사이의 '수평적 관계'가 관건입니다. 이것은 선악과('좋은 것과 나쁜 것을 구별할 줄 아는 지식의 나무 열매')를 먹은 인류에게 주신 하나님의 첫 번째 '윤리적 요청'이기도 합니다.

인류 최초의 질문

하나님의 말씀이 떨어지기 무섭게 가인은 동생 아벨을 죽입니다. 성경은 가인이 아벨을 '어떻게' 죽였는지에 전혀 관심을 보이지 않습니다. 죽음의 순간을 맞이하는 아벨의 태도나 감정 상태도 전혀 언급하지 않습니다. 우리는 이 이야기가 어디로 이어지는지에 관심을 기울여야 합니다. 하나님은 죽은 아벨을 찾으십니다. "네 아우 아벨이 어디 있느냐"는 하나님의 물음에 가인은 이렇게 답합니다.

"내가 내 아우를 지키는 자니이까"(창 4:9).

흥미롭게도 이것은 인류가 최초로 하나님께 던진 질문입니다. 자신에게 형제자매와 이웃을 지켜야 할 의무가 있느냐는 질문입니다. 이때 '지키다'라는 동사 '샤마르'(שמר)는 땅(아다마)을 가꾸고 지키는 인간의 창조 목적을 묘사하는 데 사용된 단어입니다. 땅과 인간이 긴밀히 연결되어 있듯이, 인간은 모두 아담에게서 유래한 형제자매 관계로 연결되어 있으며 서로를 지켜 주는 존재라는 것이 성경의 증언입니다. 창세기 4장의 하나님은 가인의 질문에 직접 답변을 주시지 않습니다. 그러나 어쩌면 성경 전체가 이 질문에 대한 기나긴 대답이라 할 수 있습니다. "네 이웃 사랑하기를 네 자신과 같이 사랑하라"는 명령(레 19:18)과 "내가 너희를 사랑한 것 같이 너희도 서로 사랑하라"는 새 계명(요 13:34)은 가인이 던진 인류 최초의 질문에 대한 하나님의 응답입니다. 창세기 4장은 인간과 인간 사이의 수평적 관계에서 벌어지는 갈등과 선택의 문제를 통해 죄의 본질을 드러내려 합니다.

사명을 잃어버린 첫 사건

성경의 내러티브를 계속 따라가 보겠습니다. 본문이 강조하는 중심 주제가 더욱 선명하게 드러날 것입니다.

> "땅이 그 입을 벌려 네 손에서부터 네 아우의 피를 받았은즉
> 네가 땅에서 저주를 받으리니 네가 밭을 갈아도 땅이 다시는
> 그 효력을 네게 주지 아니할 것이요 너는 땅에서 피하며
> 유리하는 자가 되리라"(창 4:11-12).

아담과 하와가 고통 속에서 삶을 영위해 나가는 저주를 받은 것처럼, 이제 가인도 하나님께 저주를 받습니다. 저주의 내용은 아무리 농사를 지어도 땅이 먹을 것을 주지 않으리라는 것입니다. "밭을 갈아도"로 번역된 히브리어 원문은, '타아보드 에트-하아다마'(תַעֲבֹד אֶת־הָאֲדָמָה), 곧 땅(아다마)을 섬기는(아바드) 것을 의미합니다. 창세기 2장에서 정의한 인간의 창조 목적이자 존재 이유입니다. 아담에게 주어진 사명이었으며 가인의 직업이기도 한 그것입니다. 에덴동산을 섬기고(아바드) 지키는(샤마르) 것이 인류의 창조 목적이라면, 창세기 3장의 아담과 하와의 불순종으로 인류는 그 사명을 잃어버렸습니다. 그런데 만일 땅(아다마)을 섬기고 지키는 것이 인류의 사명이라면, 그 사명을 잃어버린 최초의 사건은 창세기 4장이 됩니다.

인간과 인간 사이의 수평적 관계가 깨어짐으로써 인간과 땅

사이도 단절됩니다. 농부인 가인은 이제 더 이상 농사를 지을 수 없게 되었습니다. 아무리 애써 땅을 일구어도 땅은 소산을 내지 않을 것입니다. 그는 땅에 머무르지 못하고 떠돌아다닐 운명에 처합니다.

여기서 '아담과 하와의 불순종으로 인류는 하나님의 형상을 잃어버렸고 (영적으로) 죽은 존재가 되었다'는 전통적 해석을 재고해 볼 필요가 있습니다. 이 해석에 의하면 가인과 아벨은 태어나면서부터 부모의 불순종 때문에 하나님의 형상을 잃어버린 존재이고, '영적으로' 죽은 존재일 것입니다. '이미 죽어 있는 존재'가 형제 손에 다시 죽는 이야기라면 그 죽음은 저주받을 만한 일은 못될 것이지만, 아벨이 하나님의 형상을 닮은 귀한 존재이기 때문에 심각한 죄가 되는 것입니다. 예수님은 '의인 아벨의 피'에 대해 말씀하셨습니다(마 23:35). 그분은 아벨을 '의인'으로 규정하셨습니다. 하나님의 형상을 잃어버리고 영적으로 죽어 있는 아벨이 아닙니다.

죽음이 아닌 삶과 생명의 이야기

다시 본문으로 돌아오겠습니다. 땅을 섬기는 자로서 창조 목적을 잃은 가인은 이 상황을 감당할 수 없습니다. 그는 하나님께 호소합니다.

"가인이 여호와께 아뢰되 내 죄벌이 지기가 너무 무거우니이다.

주께서 오늘 이 지면에서 나를 쫓아내시온즉 내가 주의 낯을

　태초에 질문이 있었다

뵈옵지 못하리니 내가 땅에서 피하며 유리하는 자가 될지라.
무릇 나를 만나는 자마다 나를 죽이겠나이다"(창 4:13-14).

가인은 자신에게 내린 하나님의 저주를 그대로 반복하고 있지 않습니다. 농사를 지으려 해도 땅이 먹을거리를 내어 주지 않을 것이기에 어느 땅에도 정착할 수 없을 것이라는 하나님의 말씀을, 가인이 어떻게 이해하고 있는지 살펴보는 것이 핵심입니다. 두 가지를 지적하고 싶습니다. 우선 형제 살해라는 폭력은 인간과 인간 사이의 관계를 깨뜨리고, 그것은 다시 인간과 땅 사이의 깨어짐으로 이어집니다. 하나님은 가인에게 여기까지 말씀하셨는데, 가인은 땅에서 분리되는 것을 하나님에게서 분리되는 것으로 이해합니다. 땅(아다마)에서 쫓겨나면 그것은 곧 하나님의 얼굴을 볼 수 없는 것이 됩니다. 인간과 인간 사이의 수평적 관계의 깨어짐이 수직적 관계의 깨어짐으로 귀결된다는 것입니다.

둘째, 가인은 하나님의 말씀을 인용하면서 자신이 땅에서 유리하는 자가 되리라 말하고, 이어서 하나님이 언급하시지 않은 내용을 덧붙입니다. "나를 만나는 자마다 나를 죽이겠나이다." 이 구절을 읽는 사람들은 궁금해합니다. 이 시기에 아담과 하와와 가인 말고 또 어떤 인간이 있었기에 가인을 죽인단 말인가? 이 궁금증 역시 성경의 빈자리에서 발생하는 질문입니다.

가인의 말에서 주목할 부분은, 하나님은 죽음을 말씀하신 적이 없으나 가인은 자신이 죽임당할까 두려워하고 있다는 점입니다. 인류 역사상 처음으로 인간이 '죽음의 공포'를 느끼는 장면입니다. 가인이 '영적으로 이미 죽은' 존재였다면 이런 공포심이 그리 대단한 의미를 지니지 못했을 것입니다.

우리가 가져야 할 물음은 '가인 이외에 다른 사람들은 대체 누구인가'가 아니라 '이 죽음의 공포는 어디서 비롯되었는가'입니다. 대답은 어렵지 않습니다. 타인을 죽여 보았기 때문에 자신도 죽임 당할 수 있다는 공포를 느끼는 것입니다. 가인의 내면에 깃든 두려움과 불안은 스스로 만든 폭력의 그림자입니다. 한 사람과의 수평적 관계를 깨뜨리는 것은 땅과의 관계를 파괴하는 행위이며, 하나님과의 수직적 관계마저 끊는 행위입니다. 깨어진 수직적 관계는 다시 모든 수평적 관계가 깨어지는 것으로 이어집니다. 창세기 4장의 이야기가 우리에게 들려주고 싶은 내용은 바로 이것입니다.

다행히 이 이야기는 여기서 끝나지 않습니다. 가인의 공포와 불안을 보신 하나님은 오히려 가인을 보호하십니다.

"여호와께서 그에게 이르시되 그렇지 아니하다. 가인을 죽이는 자는 벌을 칠 배나 받으리라 하시고 가인에게 표를 주사 그를 만나는 모든 사람에게서 죽임을 면하게 하시니라"(창 4:15).

누구든지 가인을 죽이는 자는 벌을 받을 것이라며 가인에게 '표'를 주십니다. 사람들은 이 표가 무엇인지, 어떤 모양인지에 관심을 갖지만 성경은 그것을 구체적으로 설명하지 않습니다. 핵심

　　　　　　　　　태초에 질문이 있었다

이 아니기 때문입니다. 중요한 것은 하나님이 가인의 죄를 심판으로 즉각 되갚지 않으셨다는 사실입니다. 하나님은 가인의 폭력에 앞서 그의 두려움을 보셨고, 죽음의 공포에 떠는 그를 보호하셨습니다. 이것은 단순히 형벌 논리가 아니라, 관계 회복을 향한 하나님의 적극적 개입을 보여줍니다. "가인을 죽인 자는 벌을 칠 배나 받으리라"는 말씀은 문자 그대로의 형벌이 아닙니다. 가인을 살해한 자는 일곱 번 살해를 당한다는 말도 아니며, 그의 가족을 포함해 총 일곱 명이 죽는다는 말도 아닙니다. 어떤 경우에도 가인을 죽이지 말라는 강한 경고이자 수사적 장치입니다. 그 목적은 가인이 "모든 사람에게서 죽임을 면하게" 하는 것입니다. 하나님의 형상을 잃어버려 죽는 존재가 되었다는 전통적인 창세기 이해는 "죽임을 면하게 하시니라"는 구절과 맞지 않습니다. 창세기의 주제는 죽음이 아니라 삶과 생명의 이야기라는 것이 다시 한번 입증됩니다.

창세기 4장의 의미

창세기 4장은 '죄'를 형제를 향한 폭력으로 규정합니다. 사람과 사람 사이의 수평적 관계가 깨어지면 생명의 토대가 되는 땅과의 관계도 깨어지고, 그것은 결국 하나님과의 단절로 이어집니다. 하나님과 수직적 관계가 단절되면, 다시 모든 사람과 수평적 관계가 깨어지고 각 사람은 폭력의 공포 속에 살아가게 됩니다. 그러나 하나님은 관계의 단절과 깨어짐을 내버려두시는 분이 아니십니다.

"아담이 다시 자기 아내와 동침하매 그가 아들을 낳아 그의
이름을 셋이라 하였으니 이는 하나님이 내게 가인이 죽인 아벨
대신에 다른 씨를 주셨다 함이며 셋도 아들을 낳고 그의 이름을
에노스라 하였으니 그때에 사람들이 비로소 여호와의 이름을
불렀더라"(창 4:25-26).

본문은 죽음이 아니라 생명이 이어지고 있다는 것을 분명히
증언합니다. 그 생명의 이어짐을 아담은 하나님께서 하신 일이라
고 고백합니다. 그리고 사람들은 "여호와의 이름"을 부릅니다. 이
것은 하나님과 관계가 단절되지 않았고 여전히 이어지고 있음을
보여주는 강력한 증언입니다. 단절이 아니라 연결의 언어입니다.
살인이라는 인류의 첫 죽음 경험 이후에도 하나님은 여전히 생명
으로 응답하십니다. 에덴에서 쫓겨나고 하나님 앞에서 쫓겨나는
'관계 단절'의 표현들이 시선을 사로잡지만, 그 단절의 순간마다 관
계를 다시 이어 가시는 하나님의 개입을 읽을 수 있어야 합니다.
창세기 이후 모든 성경은 이 이야기의 반복과 변주입니다.

4. 창세기 5장의 창조, 연속인가 불연속인가?

창세기 5장은 1-4장의 내용을 간추린 것이지만, 그 내용을 살펴보
면 창세기가 1-4장을 어떻게 이해하고 있는지 드러납니다.

"이것은 아담의 계보를 적은 책이니라. 하나님이 사람을
창조하실 때에 **하나님의 모양대로** 지으시되 남자와 여자를
창조하셨고 그들이 창조되던 날에 하나님이 그들에게 복을
주시고 그들의 이름을 사람이라 일컬으셨더라. 아담은 백삼십
세에 **자기의 모양 곧 자기의 형상과 같은** 아들을 낳아 이름을
셋이라 하였고 아담은 셋을 낳은 후 팔백 년을 지내며 자녀들을
낳았으며 그는 구백삼십 세를 살고 죽었더라"(창 5:1-5).

하나님이 사람(아담)을 "하나님의 형상대로" 창조하셨다는 진
술은 여전히 유지되지만, 3절은 아담이 "자기의 형상"대로 아들을
낳았다고 기록합니다. 이것을 어떻게 이해해야 할까요?

일부 해석자들은 이를 불연속성의 증거로 읽습니다. 하나님의
형상으로 창조된 아담이 타락 이후 더 이상 하나님의 형상이 아닌
자기 자신의 형상으로만 인간을 재생산한다는 관점입니다. 그러나
이런 해석은 창세기 9:6의 "이는 하나님이 자기 형상대로 사람을
지으셨음이니라"는 말씀과 충돌합니다. 그 형상이 완전히 소멸된
것이 아니라면 형상은 여전히 이어지고 있는 것입니다. 따라서 이
구절은 하나님-인간-다음 세대로 이어지는 '형상의 연속성' 개념
으로 이해하는 것이 적절합니다.

그리고 이 계보에서 또 하나 중요한 사실이 있습니다. 먹으면
죽는다고 하나님께서 말씀하셨지만, 아담은 죽지 않고 자식을 낳
으며 긴 생을 살아갑니다. 창세기 3장의 경고는 무자비한 심판이

아니라 관계의 균열에 대한 은유였습니다. 그리고 그 안에서도 생명은 계속 이어지고 있음을 본문은 말하고 있습니다.

우리는 하나님을, '말씀하신 것은 반드시 지키시는 분'이라고 흔히 교리적으로 이해합니다. 그것이 하나님의 권위와 신뢰의 근거라고 여기기 때문입니다. 그러나 창세기가 증언하는 하나님은 체면이나 권위보다 생명을 살리고 관계를 이어 가는 것을 더 소중히 여기시는 분입니다. 하나님은 아담과 하와를 즉시 심판하지 않으셨고, 가인을 죽음으로부터 보호하셨습니다. 창세기의 하나님은 처음부터 '율법의 하나님'이 아니라 '은혜의 하나님'이셨습니다. 창세기 5장은 그 은혜가 이어짐을 다시 보여줍니다. 사람은 죽지만 생명은 이어지고 계보는 계속됩니다. 죽음 속에서도 관계가 단절되지 않고, 하나님의 창조 언약은 그 생명의 흐름 속에서 이어집니다.

정답을 아는 것보다 좋은 질문 던지는 법을 아는 것이 더 중요합니다. 좋은 질문은 익숙한 신학적 이해와 성경이 실제로 말하는 바 사이의 긴장을 직시하는 데서 시작됩니다. 그리고 그 간극에서 우리는 하나님은 어떤 분이신지, 성경은 우리에게 무엇을 말하고 있는지를 다시 묻게 됩니다.

3장

홍수는 왜 일어났는가

창세기 6—9장

1. 창세기 6장은 인간의 무엇이 악하다고 말하는가?
   하나님이 창조를 후회하신 이유는 무엇인가?

2 창세기 9:6에서 다시 언급되는 "하나님의 형상"은
   창세기 1장의 그것과 어떻게 다른가?

창세기에는 두 개의 '시작' 이야기가 있습니다. 첫 번째는 "태초에 하나님이 천지를 창조하시니라"로 시작되는 이야기이고, 두 번째는 물로 덮인 세계에 뜬 방주 한 척에서 다시 시작되는 이야기입니다. 성경은 이 두 번째 시작을 단지 재앙이나 심판으로 기록하지 않습니다. 이 시작은 인간과 피조세계 사이의 깊은 균열을 지적하고, 창조가 무엇인지 재정의합니다. 이런 점에서 창세기 6-9장은 '두 번째 시작' 혹은 '재창조'로 부르는 것이 어울립니다.

창세기 6장에서 9장까지 무려 네 장에 걸쳐 홍수 사건과 노아 이야기가 이어집니다. 창세기를 구성하는 여러 이야기 단위 가운데 결코 적지 않은 분량이지만, 이상하게도 홍수 사건이 신학적으로 차지하는 비중은 크게 느껴지지 않습니다. 단지 창조 이후 인간이 저지른 여러 '범죄' 가운데 하나로 취급될 뿐입니다. 총 아홉 절(창 11:1-9)에 불과한 바벨탑 이야기는 과도하게 확대해 의미를 부여하는 반면, 네 장에 걸친 홍수 이야기는 그 중요성이 상대적으로 평가 절하되어 있습니다. 고고학적 관심에 따라 전 세계를 아우르는 대규모 홍수가 실제 있었는지 밝히는 문헌 자료 정도로 취급됩니다.

그러나 창세기 6-9장 이야기는 하나님과 인간, 창조세계에 관한 중요한 신학적 진술들을 담고 있습니다. 성경은 무엇을 '악'으로 규정하는가? 무엇이 이 창조세계를 '훼손'하는가? 홍수 이후 세계를 재창조하시는 하나님은 어떤 점을 강조하시는가? 홍수 이후를 살아가는 21세기 우리 시대에 노아 언약이 가지는 의미와 가치는 무엇인가? 이번 장에서는 이 질문들에 대한 답변을 찾아갈 것입니다.

1. '죄'란 무엇인가?

"여호와께서 사람의 죄악이 세상에 가득함과 그의 마음으로
  생각하는 모든 계획이 항상 악할 뿐임을 보시고 땅 위에 사람
  지으셨음을 한탄하사 마음에 근심하시고 이르시되 내가 창조한
  사람을 내가 지면에서 쓸어버리되 사람으로부터 가축과 기는
  것과 공중의 새까지 그리하리니 이는 내가 그것들을 지었음을
  한탄함이니라 하시니라"(창 6:5-7).

"죄악"으로 번역된 히브리어는 '라아'(רָעָה)입니다. '나쁘다', '악하다'라는 뜻의 형용사 '라아'(רַע)와 동일한 어근에서 파생된 명사입니다. 창세기 2-3장의 선악과에서 나오는 악을 제외하면 '악하다'는 표현이 여기에 처음 등장합니다. 하나님은 무엇을 악하다고 말씀하시는 것일까요?

하나님은 사람을 창조하신 것을 "한탄"하셨습니다. 이 표현에 쓰인 히브리어 동사는 '나함'(נחם)으로, '마음이 바뀌다'가 기본 의미입니다. '나함'은 흥미로운 단어입니다. 문맥에 따라 긍정적 방향의 변화(위로)로도, 부정적 방향의 변화(후회, 탄식)로도 쓰일 수 있

습니다. 여기서는 후자의 의미, 곧 마음이 상하고 괴롭다는 뜻을 지 닙니다. 보통은 '회개'로 번역되는데, 하나님에 대한 표현이므로 '회개하다' 대신 비교적 완곡한 표현인 '한탄하다'로 옮겼습니다. 하지만 본래 뜻은 하나님께서 어떤 마음의 변화를 겪으셨다는 것입니다. 이는 이어지는 "마음에 근심하시고"와 의미상 연결됩니다.

그런데 "마음에 근심하시고"는 약한 번역이며, 히브리어 원문은 '심장이 고통스럽다'로 풀이할 수 있습니다. '심장이 찢어지다'라는 우리말 표현에 상응합니다. 인간의 죄악 때문에 창조세계가 망가져 하나님께서 얼마나 고통스러워하셨는지를 나타냅니다.

여기서 한 가지 주목할 점은 인간의 죄가 부른 징벌이 인간에게 한정되지 않는다는 것입니다. 하나님은 "사람으로부터 가축과 기는 것과 공중의 새까지" 함께 쓸어버리겠다고 말씀하십니다. 물고기는 언급되지 않지만, 물로 심판하시기 때문에 홍수의 영향력 아래 있는 생명체는 모두 언급된 것입니다. 인간의 악이 생태계를 위협하게 되었다는 이 구절은 오늘날 생태신학에 중요한 시사점을 제공합니다.

그렇다면 도대체 인간의 무엇 때문에 하나님은 인간 창조를 후회하시기까지 했을까요? 이 질문을 본격적으로 다루기 전에 흥미로운 작업으로, 바빌로니아 홍수 설화와 성경을 비교해 보겠습니다. '아트라하시스'는 인간 창조와 홍수에 관한 고대 메소포타미아 신화 가운데 하나입니다. 신들만 존재하던 세상에서 힘든 노동은 하급 신인 이기기(Igigi)들의 몫이었습니다. 이기기들이 불만을 품고 파업을 하자 상급 신들은 힘든 일을 대신할 인간을 창조합니다. 인간이 노동을 대신했기 때문에 신들의 세계는 평화를 되찾았습니다. 그러나 점점 늘어나는 인간이 밤마다 만들어 내는 소음 때문에 신들은 잠을 잘 수 없게 됩니다. 그래서 신들의 지도자 엔릴(Enlil)은 홍수로 인간을 모두 없애겠다고 결정합니다. 이것은 홍수의 원인이 인간의 번성에 있다는 설명입니다. 메소포타미아 도시 문명에서 도시 하나가 지속 가능한 시스템을 유지하려면 인구를 적절히 조절할 필요가 있었을 것입니다. 아마도 이러한 사정이 신화에 반영된 것 아닐까 싶습니다.

아트라하시스 서사시(Atraḫasis Epic)

아트라하시스 서사시는 기원전 18세기경 고대 바빌로니아에서 기록된 설형문자 문헌으로, 인간 창조와 대홍수의 기원을 다루는 서사시다. 제목은 주인공의 이름 '아트라하시스'(Atraḫasis)에서 유래하며, '지극히 지혜로운 자'를 뜻한다. 아트라하시스는 유프라테스 강가에 위치한 도시 슈르팍(Shuruppak)의 왕이었다.

서사시에 따르면, 세상의 통치를 맡은 상급 신들이 하급 신들에게 노동을 지시하면서 이야기가 시작된다. 하급 신들은 과중한 노동에 불만을 품고 반란을 일으키고, 그 결과 신들은 인간을 창조하여 자신들을 대신해 일을 하게 한다. 인간은 처음부터 신들에게 노동력을 제공하려 창조된 존재다.

이후 급격히 수가 증가한 인류가 소음과 혼란을 만들어 내면서 신들에게 부담이 된다. 이에 신들은 인류를 제거하기 위해 여러 재앙을 보내고, 마지막 수단으로 대홍수를 일으키기로 결정한다. 그러나 신 에아(Ea)는 아트라하시스에게 이를 경고해 주었고, 그가 방주를 만들어 살아남게 한다. 아트라하시스는 가족과 동물들을 데리고 홍수에서 살아남고, 홍수 이후 신들은 인간 멸절을 반복하지 않겠다고 약속한다.

아트라하시스 서사시는 고대 메소포타미아 지역에서 통용되던 인간-신 관계와 창조-파괴-재창조의 내러티브를 보여주는 대표적 문헌으로, 성경의 창조 및 홍수 서사와 비교, 분석할 때 자주 인용된다.

이 서사시는 창세기 6-9장의 홍수 이야기와 구조적으로 유사한 점이 많다. 인간 창조의 이유, 인구 증가로 인한 신의 불만, 대홍수를 통한 인류의 심판, 특정 인물의 선택과 구원, 홍수 이후의 질서 재편 등 구조와 내용에 있어 유사점이 발견된다.

그러나 서사의 핵심 의미는 다르다. 아트라하시스 서사에서 인간은 신들을 위해 창조된 존재이며, 제거의 이유도 신들의 안락을 위한 소음 통제다. 반면 창세기의 홍수 이야기는 인간의 죄악에 대한 하나님의 심판과 인간 상호 간의 관계 문제, 인간과 피조세계의 관계 문제가 중심에 놓인다.

성경의 서술은 완전히 다릅니다. 성경은 인구 과잉이나 소음, 소란, 무질서 같은 신들의 불편함을 홍수의 원인으로 설정하지 않습니다. 무엇보다 가나안 지역은 인구 과잉이 문제 되었던 경우가 없습니다. 오히려 아이를 낳지 못하는 것이 문제였고, 많은 자녀는 언제나 복으로 여겨졌습니다. 생육하고 번성하며 땅을 가득 채우라는 명령만 있을 뿐, 사람이 너무 많아 살기 어려우니 자녀를 그만 낳으라는 명령은 성경에 없습니다. 이제부터 성경의 서술을 따라가면서 본문이 과연 무엇을 인간의 '죄악'으로 규정하는지, 무엇이 홍수의 원인인지 꼼꼼히 살펴보겠습니다.

죄를 이해하는 두 가지 틀

죄를 이해하는 방식에는 서로 다른 틀이 두 개 존재합니다. 하나는 수직적 틀, 곧 하나님과 인간의 일대일 관계에서 벌어지는 명령과 불순종 문제로 죄를 바라보는 것입니다. 다른 하나는 수평적 틀, 곧 인간과 인간의 관계가 파괴되는 사건으로 죄를 이해하는 것입니다. 전자의 경우에서 죄는 창세기 3장처럼 먹지 말라는 하나님의 명령을 어긴 것입니다. 그러나 창세기 4장부터 이어지는 본문의 흐름은 또 다른 방향을 가리킵니다. 형제를 죽인 가인 이야기, 형제를 지키지 못한 인간의 모습에서 죄에 대한 수평적 이해를 발견하게 됩니다.

2. 죄, 수직적 이해

두 관점을 염두에 두고 홍수 이야기를 살펴보겠습니다. 수직적 틀에서는 '도대체 어떤 명령을 어겼는가'라는 질문이 나옵니다. 이때 문제 되는 구절은 이것입니다.

> "하나님의 아들들이 사람의 딸들의 아름다움을 보고 자기들이 좋아하는 모든 여자를 아내로 삼는지라"(창 6:2).

성경 해석사를 보면 초기부터 홍수의 원인은 창세기 6:2에 있었습니다. 신구약 중간기 문헌인 『에녹서』는 이렇게 기록합니다.

"(에녹이 말했다.) 나의 아버지 야레드의 시대에 **하늘 위로부터
누군가가 하나님의 말씀을 거역했다.** 보라, **그들은 죄를 짓고
법을 어겼고** 여인들과 문란한 관계를 통해 죄를 지었다. 몇몇은
서로 결혼하여 자녀들을 낳았다. 전 세계에 거대한 붕괴가
일어나고, 홍수와 1년 동안의 거대한 파괴가 있을 것이다"
(『에녹서』 106:13-15, 쿠걸, 130 재인용).

『에녹서』(*The Book of Enoch*)

『에녹서』는 유대교 경전(구약)에 포함되지 않지만, 제2성전기 유대교 내에서
널리 읽히면서 영향력을 끼친 고대 문헌이다. 기원전 3세기에서 기원후 1세기
사이에 주로 쓰였다. 창세기에 등장하는 에녹을 중심에 내세운 묵시문학적 작
품으로 단권이 아니라 다섯 책으로 구성된 모음집이다. 내용은 다음과 같다.

감시자들의 책(The Book of the Watchers)

창세기 6장에 나오는 하늘의 아들들과 인간 여성("사람의 딸들") 사이의
관계를 확대 서술한다. 이 천사들이 지식을 타락시켜 인간에게 전하고
그 결과 거인(네피림)이 탄생하며, 하나님은 이로 인해 심판을 내리신다.
홍수 이전의 타락한 천상세계와 인간의 관계를 생생하게 묘사한다.

비유의 책(The Book of Parables)

'인자'(Son of Man)라는 종말론적 메시아상이 처음으로 명확히 등장한다.
인자는 하나님 옆에 앉아 심판과 구원의 사명을 수행하는 존재로 묘사되
고, 이는 신약의 인자 개념이나 메시아 사상과 유사한 점이 많다.

천체의 책(The Astronomical Book)

고대 유대의 천문학과 달력 체계를 설명하며, 창조 질서 안에서 별과 달의 운동을 통해 하나님의 질서를 해석한다.

꿈의 책(The Book of Dreams)

이스라엘 역사를 상징적 동물에 비유하여 서술하며, 과거와 미래의 사건을 묵시적 환상으로 재구성한다.

에녹의 편지(The Epistle of Enoch)

의인의 삶과 악인의 심판, 종말에 대한 교훈을 담고 있으며, 심판 날의 도래와 종말의 구원에 대해 경고한다.

에티오피아 정교회는 『에녹서』를 정경으로 인정한다. 또한 신약성경 중 유다서 14–15절은 『에녹서』에서 직접 인용된 구절이며, 이는 『에녹서』가 초기 기독교 공동체에도 잘 알려졌고 중요한 영향을 미쳤다는 증거다. 특히 감시자 전승, 인자 사상, 천상의 심판관 개념 등은 이후 유대 묵시문학과 초기 기독교 종말론 사상, 천사론, 메시아 이해에 깊은 영향을 끼쳤다. 『에녹서』는 하늘과 땅, 시간과 영원의 경계를 넘나드는 묵시의 언어로 하나님의 심판과 구원의 신비를 전하고자 했던 유대 묵시문학의 정수다. 정경은 아니지만, 신구약 중간기의 신앙적 사유를 가장 풍성하게 보여주는 문서 중 하나로 평가받는다.

여기서는 하나님의 말씀을 거역하고 법을 어긴 것을 죄로 규정하며, 그 예시로 성적 타락이 등장합니다. 여기서 파생된 것이 '혼합주의'(syncretism)를 홍수의 원인으로 보는 해석입니다. 신적인 것("하나님의 아들들")과 세속적인 것("사람의 딸들")이 섞인 것이 문제라는 관점입니다. 혼합의 원인을 제공한 것은 '여성들'("사람의 딸들")입니다. 고대 해석가들은 하나님의 아들들을 성적으로 유혹하여 성욕에 사로잡히게 한 여성들 때문에 인류 멸망의 홍수가 발생

태초에 질문이 있었다

했다고 설명합니다. 남편 아담을 유혹하여 선악과를 먹게 한 하와에게 '전적 타락'의 책임을 돌리는 입장의 연장선상에 있는 신학입니다.

기원후 2세기경 유대 문헌(혹은 기원후 4세기경 기독교 문헌)인 "르우벤의 유언"은 창세기 6:2을 다음과 같이 풀이합니다.

"왜냐하면 홍수 전에 〔이 여자들은〕 파수꾼들을 유혹했다. 〔파수꾼들〕은 계속해서 여인들을 바라보는 동안 그녀들에 대해서 강한 욕망을 품게 되었다"(르우벤의 유언 5:6, 쿠걸, 130-131 재인용).

여인의 유혹으로 촉발된 성적 욕망을 죄의 핵심으로 보는 관점은 신구약 중간기와 초기 기독교 문헌에 자주 등장합니다. 무분별한 성적 욕망이나 성과 속의 혼합에서 홍수의 원인을 찾는 해석은, 죄를 인간 내면의 문제로 축소하고 여성을 죄악시하는 신학으로 발전해 갑니다. 하지만 우리가 가진 성경 본문 어디에도 '하나님의 말씀에 대한 거역', '여인들과의 문란한 관계', '여인들의 유혹'과 같은 표현은 등장하지 않습니다. 하나님께서 "하나님의 아들들"에게 "사람의 딸들"과 결혼하면 안 된다고 말씀하신 적이 있나요? 성경의 진술은 이들의 결혼으로 고대 영웅들이 탄생했다고 설명할 뿐입니다("하나님의 아들들이 사람의 딸들에게로 들어와 자식을 낳았으니 그들은 용사라. 고대에 명성이 있는 사람들이었더라", 창 6:4).

『열두 족장의 유언』은 제2성전기 후반 또는 초기 기독교 시대(기원후 2세기 내지는 기원후 4세기로 추정)에 쓰인 유대 묵시 문헌으로, 창세기 마지막 부분에 나오는 야곱의 열두 아들(이스라엘 열두 지파의 조상들)이 죽음을 앞두고 각 지파의 자손들에게 남기는 유언 형식으로 되어 있다.

르우벤은 야곱의 맏아들로서 가장 먼저 등장한다. 주로 음욕과 정결의 문제가 중심이며 다음과 같은 내용을 고백하고 권면한다.

과거의 죄 고백

르우벤은 자신의 가장 큰 죄로 아버지 야곱의 첩인 빌하와 동침한 사건(창 35:22)을 고백한다. 이 행위는 그에게 깊은 부끄러움과 회개의 삶을 불러왔고, 장자의 특권을 상실한 결정적 사건으로 제시된다.

음욕의 파괴적 힘

그는 자손들에게 욕망의 영, 특히 성적 욕망의 영이 얼마나 강력하고 파괴적인지 경고한다. 이 욕망은 인간의 이성을 마비시키고, 육체를 부끄럽게 만들며, 영혼을 타락시킨다고 말한다.

정결의 중요성

르우벤은 금욕과 자기 절제, 성결함을 강조하며, 욕망을 이기는 것은 영적 분별력과 신앙적 삶의 시작이라고 가르친다.

예언과 경고

그는 자신의 자손들이 훗날 유혹에 빠질 것이며, 그로 인해 죄와 멸망이 닥칠 수 있음을 경고한다. 그러나 회개하는 자에게는 하나님의 긍휼이 있으리라는 소망도 함께 전한다.

3. 죄, 수평적 이해

그렇다면 다시 처음으로 돌아가 묻게 됩니다. 성경은 무엇을 죄라고 말하는가? 하나님은 무엇을 악하다고 여기시는가? 그 악함은 어떻게 이 땅의 생명들을 뒤흔들 만큼 치명적인 것이 되었는가? 이제 '죄'를 수평적인 관계의 파괴 속에서 새롭게 들여다보아야 할 것입니다.

유대교와 기독교는 초기부터 홍수의 원인을 창세기 6:2에서 찾으려 했고, 그러한 해석은 여전히 영향을 미치고 있습니다. 그러나 사실 성경은 홍수의 원인을 명확히 설명하고 있습니다. 바로 이 구절입니다.

> "그때에 온 땅이 하나님 앞에 다 부패하여 **포악함**이 땅에
> 가득한지라. 하나님이 보신즉 땅이 부패하였으니 이는 땅에서
> 모든 혈육 있는 자의 행위가 부패함이었더라. 하나님이
> 노아에게 이르시되 모든 혈육 있는 자의 **포악함**이 땅에
> 가득하므로 그 끝 날이 내 앞에 이르렀으니 내가 그들을 땅과
> 함께 멸하리라"(창 6:11-13).

이 구절에 명시된 홍수의 원인은 땅에 가득한 "포악함"입니다. 옛 개역한글은 이를 "강포"로 번역했는데, 개역개정은 "포악함"으로 수정했습니다. 이 말은 히브리어로 '하마스'(חָמָס)입니다. '하마

스'는 성경 전체에서 사회적 폭력과 불의, 억압, 강탈의 의미로 자주 쓰이며, 사람과 사람의 관계를 파괴하는 행위를 가리키는 단어입니다. 사람의 마음 상태나 성격이 나빠졌다는 의미가 아닙니다. 참고로 쉬운성경과 우리말성경은 이 말을 "폭력"으로 번역했고, 대다수 영어 성경은 "violence"로 번역합니다.

"포악함"이라는 번역은 마치 개인의 성격이나 기질, 곧 '포악한 성미'처럼 개인 성향의 문제로 의미가 축소될 우려가 있습니다. 반면 "폭력"은 관계적, 사회적, 구조적 문제를 드러냅니다. 이 차이는 단순한 번역어 선택을 넘어 죄를 바라보는 관점 차이로 이어집니다. 죄를 윤리적 결핍 같은 개인의 내면 상태로 볼지, 관계적이고도 사회적인 파괴 행위로 볼 것인지 결정짓는 중요한 지점이기 때문입니다.

'폭력이 땅에 가득했다'는 말은 단순히 사람들의 성격이 사나웠다는 의미가 아닙니다. 이것은 사람들 사이의 관계, 사람과 피조세계의 관계가 본질적으로 무너졌다는 진단입니다. 창세기 6장이 규정하는 "죄악"이란 공동체적 질서 붕괴와 파괴적 힘의 지배가 세상을 덮었음을 의미합니다. 하나님의 창조 질서를 깨뜨리는 폭력(하마스)이 땅에 가득했고, 그것이 바로 하나님께서 이 세계를 새롭게 하실 수밖에 없는 이유였습니다.

이제 다음 질문으로 넘어가야 합니다. 그렇다면 그 폭력은 어디에서 비롯되었는가? 인간 사회를 폭력으로 채운 근원은 무엇인가? 하나님은 어떤 방식으로 이 폭력의 문제에 응답하셨는가? 우

 태초에 질문이 있었다

리는 이러한 질문을 거쳐 창세기 6-9장이 말하는 '제2의 창조'에 담긴 깊은 신학적 통찰로 들어섭니다.

죄의 역사

죄의 기원을 수직적 관점에서 읽는다면 창세기 3장이 그 출발점입니다. 금단의 열매를 먹은 사건은 하나님의 명령에 대한 위반이며, 불순종이라는 개념 아래 죄로 규정되어 왔습니다. 하지만 수평적 관점에서 보면 최초의 죄는 한 장 뒤인 창세기 4장에서 시작됩니다. 바로 형제를 해치는 일, 곧 가인의 살인입니다. 앞서 말했듯 성경에서 '죄'라는 단어가 처음 등장하는 곳도 창세기 4장입니다. 선과 악을 아는 능력을 갖춘 인간이 죄임을 알면서도 최초로 악한 것을 선택하고 실행하는 장면이 창세기 4:7-8에 나옵니다.

"네가 선을 행하면 어찌 낯을 들지 못하겠느냐. 선을 행하지 아니하면 죄가 문에 엎드려 있느니라. 죄가 너를 원하나 너는 죄를 다스릴지니라. 가인이 그의 아벨에게 말하고 그들이 들에 있을 때에 가인이 그의 아우 아벨을 쳐죽이니라"(창 4:7-8).

하나님은 동생을 죽인 가인을 죽이지 않으셨습니다. 오히려 아무도 그를 해하지 못하게 표를 주시며 보호하십니다.

"가인을 죽이는 자는 벌을 칠 배나 받으리라 하시고 가인에게

표를 주사 그를 만나는 모든 사람에게서 죽임을 면하게
하시니라"(창 4:15).

폭력에 대한 하나님의 첫 반응은 보복이 아니라 보호였습니다. 폭력의 악순환을 막으신 것입니다. 그러나 이 내러티브는 라멕이라는 인물에게 이어지면서 급격히 변질됩니다.

"나의 상처로 말미암아 내가 사람을 죽였고 나의 상함으로
말미암아 소년을 죽였도다. 가인을 위하여는 벌이 칠 배일진대
라멕을 위하여는 벌이 칠십칠 배이리로다 하였더라"
(창 4:23-24).

라멕은 자신이 입은 가벼운 상처에 살인으로 보복하고, 일곱 배가 아니라 일흔일곱 배로 증가된 폭력을 예고합니다. 가인에게 '일곱 배의 복수'를 약속하신 하나님의 말씀은 더 큰 폭력이 아니라 폭력을 멈추려는 것이 의도였습니다("그를 만나는 모든 사람에게서 죽임을 면하게 하시니라", 창 4:15). 그러나 라멕은 이것을 이용하여 오히려 더 큰 폭력의 정당화를 꾀합니다. 이것이 가인에게서 시작하여 라멕을 거쳐 노아 시대에 이르는 죄의 역사입니다. 시간의 흐름 속에서 폭력(하마스)이라는 죄가 증폭되는 과정을 묘사한 것입니다.

다시 창세기 6장 말씀으로 돌아가겠습니다. "포악함"을 "폭력"

으로 수정한 본문입니다.

> "그때에 온 땅이 하나님 앞에 다 부패하여 〔폭력〕이 땅에
> 가득한지라.……모든 혈육 있는 자의 〔폭력〕이 땅에 가득하므로
> 그 끝 날이 내 앞에 이르렀으니 내가 그들을 땅과 함께
> 멸하리라"(창 6:11-13).

성경은 창조세계를 "부패"시킨 원인이 "폭력"에 있다고 분명히 말합니다. 그것이 세상을 다시 시작할 수밖에 없었던 이유입니다. 가인에게 '선'을 선택하고 폭력이라는 '죄'를 다스려야 한다고 말씀하셨는데, 인류는 하나님의 뜻과 반대 방향으로 발전해 가며 폭력을 강화시켰습니다. 사람과 사람의 관계에서, 사람과 피조세계의 관계에서 폭력이 발생하고 증폭되어 갔던 것입니다.

죄는 관계 파괴입니다. 서로를 해치는 일, 함께 살아갈 수 없도록 만드는 일, 하나님의 창조 질서를 무너뜨리는 모든 행위가 죄입니다. 창세기 4장과 6장은 이것을 분명히 증언합니다. 그리고 하나님은 이 죄의 역사에 침묵하지 않으시고 다시 창조를 시작하십니다. 새로운 시작, 관계 회복, 생명을 위한 언약. 이것이 바로 '두 번째 창조'의 출발점입니다.

4. 창세기 9장의 의미

정복하고 다스리라는 명령은 아직 유효한가?

한 가지 더 짚고 넘어가야 할 질문이 있습니다. 창세기 1:28의 정복하고 다스리라는 명령은 여전히 유효한가? 얼핏 들으면 이 표현에서 폭력적 어조가 느껴집니다. 인간이 자연을 폭력적으로 대하고, 그 결과 폭력이 세상에 가득해졌다면 하나님께도 일정 부분 책임이 있는 것 아닌가 하는 생각이 들 수도 있습니다. '하필이면 왜 이 단어를 사용하셨을까? 좀 더 평화로운 표현을 쓰셨으면 좋았을 텐데'라는 아쉬움도 듭니다. '라다'(רדה)와 '카바쉬'(כבש)라는 표현만 놓고 보면 인간의 자연 착취나 폭력적 지배가 허용된 것처럼 읽힐 여지가 있습니다.

물론 이것은 다른 인간을 지배하고 정복해도 된다는 명령이 결코 아니었습니다. 자연의 지배와 정복이 인간의 상호 지배와 정복으로 변질된 이야기가 성경에 기록되어 있지는 않습니다. 하지만 형제 살해 사건이 곧 땅과의 분리로 귀결되듯, 인간이 자연세계를 어떤 방식으로 다루는지는 인간의 상호 관계와 밀접하게 연결되어 있습니다. 자연을 폭력적으로 대하는 사람은 인간 사회에서도 폭력적 방식으로 타인과 관계 맺을 가능성이 큽니다. 둘은 별개가 아니라 하나로 연결됩니다.

히브리어로 '정복하다'라는 뜻의 '카바쉬', '다스리다'라는 뜻의 '라다'에는 분명 강한 지배의 뉘앙스가 있습니다. 그런데 창세기

9장에서 하나님은 두 번째 창조를 선포하시면서 이전과 같은 표현을 사용하시지 않습니다.

> "하나님이 노아와 그 아들들에게 복을 주시며 그들에게 이르시되 생육하고 번성하여 땅에 충만하라. 땅의 모든 짐승과 공중의 모든 새와 땅에 기는 모든 것과 바다의 모든 물고기가 너희를 두려워하며 너희를 무서워하리니 이것들은 너희의 손에 붙였음이니라"(창 9:1-2).

"생육하고 번성하여 땅에 충만하라"는 명령은 창세기 1:28과 동일하게 반복됩니다. 그러나 '정복하고 다스리라'는 표현은 사라졌습니다. 이 명령은 철회되었다고 해석할 수 있습니다. 두 번째 창조는 단순한 반복이 아니라 첫 창조를 일정 부분 수정한 재창조입니다. 그 핵심은 지배와 정복의 언어가 제거되었다는 것입니다.

정복과 다스림은 다른 표현으로 대치됩니다. "[모든 동물이] 너희를 두려워하며 너희를 무서워하리니 이것들은 너희의 손에 붙였음이니라"라는 본문을 근거 삼아 두 번째 창조에서 인간과 자연 사이가 더 멀어졌다고 해석할 수도 있습니다. 이전까지는 동물을 죽여 먹는 행위가 허용되지 않았지만, 이제는 육식이 허용되면서 인간과 피조물 사이의 경계가 분명해졌다는 것입니다. 불가능한 해석은 아닙니다. 다만 이 본문에서 더 중요한 것은 '정복하고 다스리라'는 표현 자체가 사라졌다는 사실입니다. 이것은 지배와 착취

의 언어가 더 이상 하나님의 창조 명령에 포함되지 않는다는 뜻입
니다.

그렇다면 '너희 손에 붙였다'는 표현은 피조물을 마음대로 다
루어도 된다는 의미일까요? 이 구절만 보면 '이제 동물들은 내 손
에 있으니 내 마음대로 할 수 있다'는 해석이 얼마든지 가능합니다.
그러나 이어지는 문맥과 함께 보면 그렇게 해석하기가 어려울 것
입니다.

> "그러나 고기를 그 생명 되는 피째 먹지 말 것이니라. 내가
> 반드시 너희의 피 곧 너희 생명의 피를 찾으리니 짐승이면 그
> 짐승에게서, 사람이나 사람의 형제면 그에게서 그의 생명을
> 찾으리라. 다른 사람의 피를 흘리면 그 사람의 피도 흘릴 것이니
> 이는 하나님이 자기 형상대로 사람을 지으셨음이니라"
> (창 9:4-6).

고기를 먹을 수는 있지만 피째 먹어서는 안 된다는 명령이 주
어집니다. 이것은 단순한 음식법 규정이 아닙니다. '피는 곧 생명'
이라는 인식이며, 생명에 대한 존중이자 폭력을 금지하는 하나님
의 명령입니다. 하나님은 '짐승이든 사람이든 피를 흘리게 하면 그
생명을 찾겠다'고 말씀하십니다. 이른바 '동해복수법'(*lex talionis*)을
떠올리게 하지만 똑같이 복수하겠다는 뜻이 아니라 폭력을 행하지
말라는 명령으로 이해하는 편이 좋습니다. 일곱 배의 복수를 언급

 태초에 질문이 있었다

하여 가인이 폭력에서 벗어나도록 하셨듯, 이 경우 역시 '피를 흘리지 말라'는 명령을 강화하는 수사법으로 이해하는 편이 적절합니다. 인간과 인간 사이의 폭력뿐 아니라 인간과 자연 사이의 폭력도 금지하는 명령임을 간과해서는 안 됩니다.

창세기 9:6에서 우리는 다시 "하나님의 형상대로"라는 표현을 만납니다. 창세기 1장에 처음 등장한 이 표현은 여기서 완전히 다른 맥락으로 사용됩니다. 창세기 1장에서 하나님의 형상은 '다스림'과 '정복' 명령과 짝을 이루며, 인간에게 주어진 통치자의 이미지를 강조하는 표현이었습니다. 그러나 창세기 9장에서 하나님의 형상은 더 이상 지배의 근거로 쓰이지 않으며 오히려 폭력적 지배와 착취를 금지하는 근거로 사용됩니다. 이제 '하나님의 형상'은 생명 자체가 소중하다는 의미가 되었습니다. 힘을 행사할 수 있는 권위가 아니라 폭력을 멈추어야 할 근거로 바뀌었습니다. 하나님의 형상 개념을 인간 존엄과 평등의 근거로 사용하려면 창세기 1장이 아니라 9장이 그 본문이 되어야 합니다.

언약의 대상은 누구인가?

'너희 손에 붙였다'는 표현은 자연을 마음대로 다루어도 좋다는 허락으로 들릴 수도 있지만 성경은 오히려 반대되는 이야기를 반복적으로 전합니다. 우리가 주목해야 할 것은 구체적으로 설명되지 않은 수수께끼 같은 표현이 아니라 반복적으로 강조되는 핵심 진술입니다.

창세기 9장에서 가장 강조되는 표현은 '언약'입니다. 하나님과 언약을 맺는 당사자는 누구일까요? 당연히 노아와 그 자손입니다. 그러나 거기서 그치지 않습니다.

> "내가 내 언약을 너희와 너희 후손과 **너희와 함께 한 모든 생물 곧 너희와 함께 한 새와 가축과 땅의 모든 생물에게** 세우리니 **방주에서 나온 모든 것 곧 땅의 모든 짐승에게니라**"(창 9:9-10).

노아 언약은 하나님께서 사람과만 맺은 언약이 아닙니다. 하나님은 방주에서 나온 모든 생물과 언약을 맺으셨고, 이어지는 말씀 속에서 지속적이고도 반복적으로 확인시켜 주십니다.

> "내가 나와 너희와 및 **너희와 함께 하는 모든 생물 사이에** 대대로 영원히 세우는 언약의 증거는 이것이니라"(창 9:12).
>
> "내가 내 무지개를 구름 속에 두었나니 이것이 **나와 세상 사이의** 언약의 증거니라"(창 9:13).
>
> "내가 나와 너희와 및 **육체를 가진 모든 생물 사이의** 내 언약을 기억하리니"(창 9:15).
>
> "내가 보고 나 하나님과 **모든 육체를 가진 땅의 모든 생물 사이의** 영원한 언약을 기억하리라"(창 9:16).
>
> "내가 나와 **땅에 있는 모든 생물 사이에** 세운 언약의 증거가 이것이라"(창 9:17).

언약은 노아와 그 자손만을 위한 것이 아닙니다. 그들과 함께 살아가는 모든 생물, 곧 자연세계 전체가 하나님의 언약에 포함됩니다. 방주에서 나오는 장면부터 반복되어 강조된 표현은 이것입니다. "모든 생물, 땅의 모든 생명체, 육체를 가진 모든 생물들." 창세기 9장은 단 한 차례도 '인간만'이 언약의 대상이라고 한정 짓지 않습니다.

이 언약은 하나님의 창조 전체가 그 대상입니다. 언약의 징표로 주어진 무지개도 인간과 하나님만의 계약이 아니라 하나님과 땅(에레츠) 사이의 약속을 상징합니다. 언약 당사자가 인간에 한정되지 않는다는 사실을, 본문은 매 절마다 강조합니다. 새와 가축, 땅의 생물, 육체를 가진 모든 피조물이 하나님과 언약에 참여합니다. 인간 중심적 신앙은 이 대목에서 한 발짝 물러서야 합니다. 창조주 하나님은 인간만이 아니라 이 땅의 모든 생명과 언약을 맺으십니다.

그렇다면 '너희 손에 붙였다'는 표현은 어떻게 이해해야 할까요? 이것은 지배 허락이 아니라 책임 위탁으로 보아야 합니다. 노아가 방주를 지어 생물들을 보존하였듯 말입니다. 하나님은 생명을 인간에게 맡기시되 더 이상 정복하고 다스리라고 명령하시지 않습니다. 오히려 이 언약은 인간이 피조세계를 존중하고, 폭력을 멈추며, 모든 생명과 더불어 살아가야 한다는 책임을 선언한 내용으로 읽혀야 합니다. 이것이 두 번째 창조 이야기의 핵심입니다.

제2의 창조와 새로운 관계

창세기 1장의 '정복하고 다스리라'는 명령은 노아 시대에 이미 끝난 이야기입니다. 하나님은 제2의 창조에서 더 이상 피조세계를 정복하고 다스리라는 명령을 인간에게 내리지 않으십니다. 그 표현들은 완전히 사라졌습니다. 창세기 1장의 정복과 다스림을 지금 우리 시대에 다시 끌어올 까닭이 없습니다. 우리는 노아 홍수 이후 시대를 살기 때문입니다.

더 중요한 변화가 있습니다. 창세기 1장에서 인간의 지배 대상으로 묘사되었던 자연세계는 창세기 9장에서 하나님의 언약의 주체로 올라섭니다. 자연은 더 이상 정복의 대상이 아니라 하나님과 직접 언약을 맺는 당사자가 되었습니다. 이것은 단순한 신학적 진술을 넘어 인간과 자연의 관계에 대한 근본적 전환을 요구하는 선언입니다.

창세기 9장에서 자연과 인간 사이의 거리가 멀어졌다고 보기도 어렵습니다. 오히려 자연의 가치가 격상되었다고 보아야 합니다. 폭력을 금지하는 하나님의 명령은 인간에게만 주어진 것이 아니라 자연세계에도 적용됩니다. 피를 흘리지 말라는 말씀은 모든 생명을 향한 말씀입니다.

하나님이 '너희 손에 붙였다'고 말씀하신 부분 역시 마찬가지입니다. 이것은 인간이 생명을 함부로 다루어도 된다는 허가증이 아닙니다. 아무리 너그럽게 해석해도 청지기적 위임을 넘어서지 않습니다. 노아의 방주 안에서 인간이 동물을 보호하고 보살피는 장면이 바로 그 위탁의 모범이 됩니다.

오늘날에는 반려동물과 함께 예배드리는 교회도 있고, 동물권 신학을 연구하는 이도 많습니다. 다만 창세기 1장의 '정복하고 다스리라'는 표현을 동물을 소중하게 아끼고 보호하라는 뜻이라고 해석하는 것을 볼 때마다 고개를 갸웃하게 됩니다. 창세기 9장을 근거로 똑같은 해석을 했다면 더 큰 설득력이 있었을 것입니다.

창세기 9장은 창세기 1장의 반복이 아닙니다. 똑같은 말을 반복한 것이 아니라 새로운 의미를 부여하면서 다시 창조한 것입니다. 자연과 인간의 관계도 완전히 새롭게 구성되었습니다 정복과 지배의 언어는 더 이상 설 자리가 없습니다. '청지기'라는 표현조차도 새로운 언약의 깊이를 다 담기에는 부족합니다.

'하나님의 형상'이라는 표현 역시 새롭게 이해되어야 합니다. 이 표현이 창세기 1장에서는 다스림의 근거였다면, 창세기 9장에서는 폭력을 멈추어야 할 이유가 됩니다. '형상'은 이제 생명의 존엄을 지키는 책임의 기초가 됩니다.

다시 질문을 던져 봅니다. '죄'란 무엇인가? 수직적 독법에서는 하나님의 명령을 어기는 행위로만 죄를 이해합니다. '먹지 말라 하신 것을 먹었다', '성적 유혹을 이기지 못했다' 등 행위 위반이 중심이 된 해석이 창세기 3장부터 시작된 죄 개념을 지배해 왔습니다. 그러나 성경을 수평적으로 읽으면 다른 그림이 보입니다. 창세기 4장과 6장은 인간과 인간, 인간과 자연의 관계가 무너지는 과정을 죄의 본질로 이해합니다. 홍수는 왜 일어났는가? 수직적 독법은 하나님의 명령을 어긴 데서 이유를 찾지만, 수평적 독법은 '서로의 관계가 무너진' 상황에 주목합니다. 이 두 가지 중 어느 것이 '옳은' 해석인가 하는 질문에는 답하기 어렵지만 수평적 관점이 성경 본문(텍스트)의 언어를 더 충실히 반영하고 있으며, 창세기 1장부터 9장에 이르는 전체적인 맥락(컨텍스트)에도 더 부합합니다. 그리고 지금 우리가 직면한 기후 위기 시대에 더욱 유효하고 의미 있는 메시지를 줍니다.

태초에 질문이 있었다

4장

바벨탑은 왜 무너졌는가

창세기 10—11장

1. 창세기 11:1 – 9에서 '탑'이라는 단어는 몇 번 등장하는가?

2. 하나님이 어느 높이 이상의 건물은 짓지 말라고 명령하신 적이 있는가?

3. 창세기 이후 구약과 신약에서 인간 교만의 상징으로 '바벨탑'이 언급된 적이 있는가?

창세기 11장의 바벨탑 이야기는 단 아홉 절로 이루어진 짧은 본문입니다. 그럼에도 이 이야기는 교회 전통에서 상당히 큰 신학적 의미를 부여받았습니다. 인간의 교만을 대표하는 예이자 하나님에게 도전하는 죄의 상징으로 말입니다. '바벨탑을 쌓지 않게 해달라', '인간이 쌓은 바벨탑이 무너지게 해달라'는 표현은 대표 기도에서 흔히 접할 수 있습니다.

하지만 여기서 질문해 봅니다. 탑이 창세기 11장의 주인공일까요? 하나님은 '하늘에 닿는 높은 탑'을 우려하셨을까요? 얼마나 높은 건물을 지으면 하나님이 위협을 느끼실까요? 창세기 11장을 지나치게 탑 중심으로 읽고 있는 것은 아닐까요? 하늘과 땅을 잇는 높은 탑이라는 수직적 이미지가 종교적 상상력을 과도하게 자극한 것은 아닐까요? 4장에서는 이러한 질문을 가지고 본문을 세밀하게 살펴보고자 합니다.

바벨탑 이야기를 온전히 이해하려면 창세기 11장만 떼어 읽어서는 안 됩니다. 언어와 땅에 흩어짐이 어떻게 이해되어야 하는지, 인간이 시도한 '하나됨'에 어떤 성격이 있었는지, 하나님은 왜 그 시도에 왜 개입하셨는지 등 모든 물음은 앞선 10장의 족보와 연결하여, 1장부터 9장까지 이어지는 흐름 속에서 읽을 때 비로소 선명해집니다.

그에 앞서, 서두에서 언급했지만 '성경을 읽는다는 것'이 무엇인지 다시 짚고 넘어갈 필요가 있습니다. 성경을 읽는 행위는 단순한 정보 수용이 아니라 본문과 독자 사이에서 일어나는 만남의 해석입니다. 책을 펼치는 순간, 우리는 단지 활자를 읽는 것이 아니라 그 안에 담긴 목소리와 조우하게 됩니다. 성경을 읽는다는 것은 그 안에 깃든 목소리와 나누는 대화입니다.

이 대화는 언제나 세 겹의 세계 위에서 이루어집니다. 기록된 본문의 세계, 기록한 저자의 세계, 기록을 읽는 우리의 세계. 각 본문의 의미는 이 세 영역의 교차점에서 비로소 선명해집니다. 창세기 11장 역시 세 겹의 시공간을 통과하며 그 안에서 성경이 들려주고자 하는 바를 포착해야 합니다. 이 책은 세 겹의 시공간을 각각 이렇게 부릅니다. '성경 안의 세계'(in the Bible), '성경 뒤의 세계'(behind the Bible), '성경 앞의 세계'(in front of the Bible). 이 세 시점을 이해하는 입체적 방식을 '3D로 성경 보기'로 표현하기도 합니다. 성경은 단면이 아니라 입체로 읽혀야 합니다. 이것이 성경의 좋은 독자이자 좋은 대화 상대자가 되는 길입니다.

1. 창세기 11장을 이해해 온 방식 – 수직적 읽기

이제 바벨탑 사건을 이 3D 시각으로 살펴봅니다. 전통적 해석은 이 사건을 교만한 인간이 하늘에 닿으려 했던 시도로 봅니다. 그리고 하나님이 그 시도를 막으셨다고 이해합니다. 이것이 수직적 해석입니다. 하늘로 올라가려는 인간과 그것을 심판하시는 하나님 사이의 긴장, 곧 수직 축 위에 이야기를 세워 두는 것입니다.

이러한 생각은 수 세기에 걸쳐 수많은 예술 작품에서 시각적으로 구현되어 왔습니다. 함께 그림을 봅시다.

그림 ❷ 피터르 브뤼헐(Pieter Bruegel the Elder), 「바벨탑」, 1563년경

그림 ❷는 16세기 작품으로 르네상스 당대의 시각에서 바벨탑을 형상화한 것입니다. 고대 로마 콜로세움을 연상시키는 구조에, 인간의 기술이 미치지 못한 채 무너져 가는 탑이 인상적입니다. 건축이 중단된 모습, 인간의 분주한 움직임이 엿보입니다.

그림 ❸은 20세기 네덜란드 판화가 M.C. 에셔(Maurits Cornelis Escher)의 바벨탑 그림으로 고전적 이미지에 비해 훨씬 구조적이고 기하학적인 형태입니다. 도시 위로 수직으로 치솟는 탑의 모습

그림❸ M. C. 에셔(Maurits Cornelis Escher), 「바벨탑」, 1928년

은 현대 사회의 욕망과 기술력을 은유하는 듯합니다.

그림❹ 작자 미상의 바벨탑 이미지

그림 ❹는 디지털로 구현된 상상의 바벨탑입니다. 21세기 작품입니다. 구름을 뚫고 올라가는 높이와 어두운 하늘 그리고 폐허가 된 땅의 모습이 극적인 대비를 이룹니다. 현대인의 상상력으로는 이제 이 정도 높이는 되어야 하늘에 도전할 자격이 있는 듯합니다.

이처럼 탑의 높이는 시대를 거치며 점점 높아졌습니다. 인간의 건축 기술이 발전할수록 하늘에 닿는 탑의 기준 역시 높아집니다. 어쩌면 창세기 11장을 수직적으로 읽어 내려는 우리의 독법이 바벨탑을 점점 높여 온 것인지도 모릅니다.

사례를 하나 보겠습니다. 어느 교회 장로가 신문에 기고한 바벨탑 관련 글입니다. 성경 본문에 그동안 얼마나 많은 해석과 상상을 덧붙여 왔는지 보여주는 예시라 하겠습니다.

"바벨탑의 교훈"(「남○○신문」 2013년 9월 17일자 사설)

고대 바벨로니아 **세력가들은 자기네 권세를 자랑하기 위해** 바벨론 시티를 세우고 그곳의 높이가 하늘에 닿았다는 바벨탑을 쌓아 갔는데, **선한 일을 통해 하나님 곁에 다가가려고 하지 않고 노예들의 피와 땀을 이용해 하나님 곁에 도달하려고 하자,** 이를 **걱정한** 하나님께서 **인간들의 욕심을 막기 위해** 언어를 구분해 놓았다는 이야기가 성경에 전해집니다. '바벨'이란 말은 **히브리 말로 '혼란'을 뜻합니다.** 바벨탑의 이야기는 **지나친 부의 추구와 허영의 탐닉이 혼란을 가져오고, 서로 싸우게 만드는 씨앗이 된다는** 교훈을 주고 있습니다.

이 글은 짧은 내용으로 창세기 11장 자체가 요약하고 교훈까지 끌어냅니다. 하나님께 다가가려는 인간의 욕망을 징벌한다는 구도는 익숙한 관점입니다. 그러나 이 글과 성경 본문을 대조해 보면 이 짧은 글의 대다수 표현은 성경에 없는 말로 구성되었음을 알 수 있습니다. "세력가"와 "노예들", "피와 땀", "하나님 곁에 도달하

 태초에 질문이 있었다

려는 시도", "인간들의 욕심", "지나친 부의 추구", "허영의 탐닉", "서로 싸우게 만드는 씨앗"은 성경 본문 어디에도 등장하지 않습니다. 이 글은 창세기 11장 자체가 아니라 바벨탑 사건에 대한 익숙한 해석을 무비판적으로 수용했다고 할 수 있습니다.

유대 문헌과 초기 기독교 문헌부터 '탑'은 이 이야기의 주인공으로 여겨져 왔습니다. 도시를 짓고 함께 살자는 공동체적 욕망이 신의 징벌을 받을 만큼 나쁜 일로 보이지는 않았기 때문입니다. 한데 모여 살겠다는 것이 그리 잘못된 일일까요? 왜 하나님은 이 계획을 좌절시키셨을까요? 고대인은 '하늘에 닿는 높은 탑'에서 그 까닭을 찾았습니다.

> "그들이 아라랏 땅에서 점점 동쪽으로 이주하여 시날에
> 이르러서……그들이 도시와 탑을 짓고 말하기를 **우리가 그것을
> 하늘 안으로 올리자**"(『희년서』 10:19).
> "그들은 하나의 언어를 가지고 있었고, **그들은 별이 빛나는
> 하늘로 올라가기를 원했다**"(『시빌의 신탁』 3:99-100).
> "**하나님에 대항하여 전쟁을 일으키려는 탑을 지은 사람들이** 있다.
> 하나님은 그들을 제거하셨다"(『3바룩』 2:7).

위 예문들이 잘 보여주듯이 바벨탑 건설의 목적은 하늘로 올라가는 것이며, 그것은 곧 하나님께 대항하여 전쟁을 일으키려는

의도라는 해석이 지배적입니다. 이런 해석이 지난 2천 년 동안 창세기 11장에 대한 상상력을 사로잡아 왔습니다.

우리의 과제는 여기서 출발합니다. 수직적 상상력을 걷어 내고 다시 본문으로 돌아가는 것입니다. 과연 성경 본문이 무엇을 강조하고 무엇을 반복하는지, 하나님이 걱정하신 것은 과연 무엇이었는지, 이 본문이 창세기 내러티브 전체에서 어떤 위치를 차지하고 있는지 그리고 창세기 11장의 이야기는 지금 이 시대를 사는 우리에게 어떤 메시지를 전해 주는지 하나씩 새롭게 질문해야 합니다.

2. 창세기 11장 수평적으로 읽기

성경 안의 세계(in the Bible) – 텍스트

이제 본문을 직접 들여다보겠습니다. 우리에게 익숙한 단어 '탑'이 실제 본문에서 얼마나 비중 있게 등장하는지, 반복되는 단어는 무엇인지, 인물들의 동기와 하나님의 반응은 어떻게 서술되는지 한 문장, 한 문장 들여다보아야 합니다.

창세기 11장은 크게 두 부분으로 나누어집니다. 1절부터 4절에서는 사건의 배경과 인간 편의 이야기가 전개됩니다. 5절부터 9절에서는 인간의 행동에 대한 하나님의 반응과 이야기의 결과가 묘사됩니다. 우선 본문 전체의 구조부터 살펴보겠습니다.

전반부는 이렇습니다.

"온 땅의 언어가 **하나**요 말이 **하나**였더라. 이에 그들이 동방으로
옮기다가 시날 평지를 만나 거기 거류하며 서로 말하되 자,
벽돌을 만들어 견고히 굽자 하고 이에 벽돌로 돌을 대신하며
역청으로 진흙을 대신하고 또 말하되 자, **성읍과 탑**을 건설하여
그 〔탑〕 꼭대기를 하늘에 닿게 하여 우리 이름을 내고 온 지면에
흩어짐을 면하자 하였더니"(창 11:1-4).

그리고 후반부는 다음과 같습니다.

"여호와께서 사람들이 건설하는 그 **성읍과 탑**을 보려고
내려오셨더라. 여호와께서 이르시되 이 무리가 **한** 족속이요
언어도 **하나**이므로 이같이 시작하였으니 이후로는 그 하고자
하는 일을 막을 수 없으리로다. 자, 우리가 내려가서 거기서
그들의 언어를 혼잡하게 하여 그들이 서로 알아듣지 못하게
하자 하시고 여호와께서 거기서 그들을 온 지면에 **흩으셨으므로**
그들이 **그 도시를 건설하기를 그쳤더라.** 그러므로 그 이름을
바벨이라 하니 이는 여호와께서 거기서 온 땅의 언어를
혼잡하게 하셨음이니라. 여호와께서 거기서 그들을 온 지면에
흩으셨더라"(창 11:5-9).

본문을 꼼꼼히 읽는 첫 번째 질문입니다. 전체 본문에서 '탑'은 몇 번 나올까요? 정답은 세 번(개역개정역 기준)입니다. 그러나 히브리어 원문을 기준으로 '탑'에 해당하는 '믹달'(מִגְדָּל)은 4절과 5절에 각 한 번씩, 총 두 번 나옵니다. 그것도 "성읍과 탑"이라는 표현으로 등장하며, 성읍에 딸린 부속 건물 정도로 취급됩니다. 더 중요한 것으로, 하나님의 말씀을 직접 인용한 6-7절에는 '탑'이 아예 등장하지 않습니다. 만약 이 이야기의 주인공이 탑이었다면, 하나님의 첫 반응은 '인간이 나에게 도전하여 높은 탑을 짓는구나' 정도였으리라 생각됩니다. 그러나 하나님은 '하늘에 닿는 높은 탑'에 대해서 아무 말씀도 하시지 않습니다. 또한 8절도 '그들이 그 탑 쌓기를 그쳤더라'로 기록되어야 할 테지만, 성경은 "그 도시(=성읍)를 건설하기를 그쳤더라"로 본문을 맺습니다. 이 이야기를 둘러싼 우리의 해석과 상상력이 무색하게도 본문 전체에서 탑은 주목도가 크지 않습니다.

탑이 주인공이 아니라면 이 이야기의 주인공은 과연 누구일까요? 이 질문에 답하려면 가장 자주 반복되는 단어부터 살펴보아야 합니다. 살펴보니 '하나'라는 단어가 총 네 번으로 가장 빈번하게 사용됩니다. 게다가 이 단어는 이야기 첫머리에 두 번 나오고("온 땅의 언어가 **하나**요 말이 **하나**였더라"), 하나님의 말씀이 시작되는 첫머리에 또 두 번 사용됩니다("이 무리가 **한** 족속이요 언어도 **하나**이므로"). 즉 '하나'는 본문 전체에서 가장 강조되는 단어라 할 수 있습니다.

                          태초에 질문이 있었다

그리고 이 '하나'에 반대되는 단어이자 본문 구조에서 대척점에 있는 단어가 '흩어짐'입니다. 사람들이 도시와 탑을 건설하는 목적은 하늘에 도달하려는 것이 아니라 한 지역에 머무르며 흩어지지 않으려는 것입니다(4절). 하나님께서 '하나'였던 언어를 섞으신 이유도 그들을 하늘로 올라오지 못하게 막으려는 것이 아니라 흩어지게 하려는 것입니다(8절). 이 이야기의 최종 결론 역시 "그들을 온 지면에 흩으셨더라"(9절)입니다.

반복적으로 사용되는 어휘와 수미쌍관 구조(inclusio)로 분석해 볼 때, 창세기 11장의 주인공은 '하나'와 '흩어짐'입니다. 즉 한곳에 모인 사람들을 하나님께서 온 세계에 흩으신 이야기입니다. 지상에서 하늘로 올라가려는 인간의 욕망과 그것을 위에서 찍어 누르시는 하나님의 징벌이라는 수직적인 방향이 아니라, 한곳으로의 모임과 사방으로 흩어짐이라는 수평적 움직임 사이의 대립이 전체 구조의 핵심임이 선명히 드러납니다.

그다음으로 주의해서 살펴볼 부분은 이야기의 첫 문장이자, 하나님의 첫 반응입니다. "온 땅의 언어가 하나요 말이 하나였더라"(창 11:1)라는 표현은 초창기 인류가 모두 같은 언어를 구사했고, 따라서 서로 의사소통이 가능했다는 의미일 것입니다. 여기까지는 그리 어렵지 않은 해석입니다. 하지만 전통적인 해석에 따르면 인류가 동일한 언어를 사용하는 것이 '태초의 이상적 상태'였다는 신학적 판단이 여기에 덧붙습니다. 불순종의 결과로 인류가 본래 안식처였던 에덴에서 쫓겨났듯, 언어가 하나여서 서로 소통할 수 있는 상태가 본래 온전한 것인데 인간의 교만 때문에 다양한 언어와 민족으로 나뉘었다는 해석입니다. 그 결과 우리가 경험하는 다문화 사회는 죄의 결과이자 하나님의 징벌이라는 결론이 도출됩니다.

그런데 하나님이 하시는 말씀은 이러한 해석과 그리 일치하지 않습니다.

"이 무리가 한 족속이요 언어도 하나이므로 이같이 시작하였으니
이후로는 그 하고자 하는 일을 막을 수 없으리로다"(창 11:6).

인간의 언어가 하나였고, 이는 시날 지역에 모인 이들이 계획을 실현할 수 있는 바탕이 됩니다. 따라서 이들의 계획을 막기 위해 하나님께서 선택하신 수단은 언어를 뒤섞는 것입니다. 하나님의 관점에서는 인간의 언어가 하나였기 때문에 오히려 사람을 흩으시려는 계획에 방해가 되었다는 뜻입니다. 그 원인을 제거함으로써 하나님은 원하시는 결과를 얻게 됩니다.

"이는 여호와께서 거기서 온 땅의 언어를 혼잡하게
하셨음이니라. 여호와께서 거기서 그들을 온 지면에
흩으셨더라"(창 11:9).

성경 뒤의 세계(behind the Bible) - 컨텍스트

하늘에 닿으려는 인간의 교만에 대한 하나님의 징벌(Pride and Punishment)이라는 수직적 해석의 근거로 몇몇 구절을 내세울 수 있습니다. 첫째는 '하늘에 닿을 목적으로 짓는 높은 탑'이라는 표현입니다. "성읍과 탑을 건설하여 그 탑 꼭대기를 하늘에 닿게 하여"는 탑을 쌓는 목적이 하늘에 닿는 것임을 분명히 합니다. 탑은 단순한 건축물이 아니라 하늘을 향한 도전이 됩니다. 높고도 거대한 구조물, 땅에서 하늘로 이어지는 돌 계단은 곧 인간의 교만을 상징하게 되었고, 하나님께 이르려는 불손한 야망의 표상으로 읽혀 왔습니다.

둘째 구절은 "우리의 이름을 내고"(창 11:4)입니다. 공동번역은 이를 "우리 이름을 날려"로 번역하면서 탑을 쌓는 목적이 유명해지고 세상에 권세를 떨치기 위함이라는 의미로 자연스레 연결시킵니다. 스스로를 알리고 커지려는 인간의 욕망은 하나님께서 도무지 용납하실 수 없는 교만이자 탐욕입니다. 탑을 허물고 사람들을 흩으신 원인이 바로 이것이라는 해석입니다.

셋째 구절은 하나님의 말씀에서 나옵니다. "이후로는 그 하고자 하는 일을 막을 수 없으리로다"(창 11:6). 인간은 하나님의 뜻에 따르지 않고 무엇이든 마음대로 하리라고 이해되어 왔습니다. 이러한 해석적 판단은 공동번역에 잘 반영되어 있습니다. "앞으로 하려고만 하면 못할 일이 없겠구나"(창 11:6, 공동번역). 하늘에 닿고 모든 창조세계를 지배하려는 인간의 탐욕이 실현될 것을 우려하신 하나님의 반응입니다.

이 세 구절은 전통적인 수직적 해석의 근거입니다. 이러한 독법의 구조는 명확합니다. 바벨탑은 인간의 자만심이고, 하늘에 도전하려는 시도이며, 신적 권위에 대한 반역입니다. 그 중심에는 세 가지 욕망이 있습니다. 하늘에 닿으려는 욕망, 이름을 드러내려는 욕망, 자기 뜻대로 살고자 하는 욕망입니다. 전통적 해석은 이 세 욕망을 '하나님의 뜻을 거스른 죄'로 간주했고, 바벨탑은 그 상징이 되었습니다. 하나님은 하늘을 넘보는 인간의 거만한 손을 심판하신 것입니다.

그러나 이제 질문을 던질 때입니다. 정말 성경 본문이 그런 이야기를 하고 있는가? '탑'이라는 상징에 우리의 상상력이 지나치게 사로잡혀 본문보다 앞서 나간 것은 아닌가? 이 이야기를 수직적으로만 읽도록 만든 번역과 전통의 무게를 잠시 내려놓고, 여기서는 그 아래에 감추어진 세계를 들여다보려 합니다.

고대의 탑

우리가 먼저 짚고 넘어가야 할 것은 '탑' 혹은 '대'라는 말의 의미입니다. 앞서 말했듯 히브리어로 이 단어는 '믹달'(מִגְדָּל)이며, 일반적으로 '탑'(tower)으로 번역되지만 사실 본래의 의미는 '높음'보다 '크기'에 가깝습니다. 다시 말해 '믹달'은 본래 높은 것이 아니라 큰 것을 가리키는 말입니다. 높다는 것은 크기의 특정 양상일 뿐입니다.

 태초에 질문이 있었다

그림 ❺ 우르 지구라트

메소포타미아 남부의 고대 도시 우르(Ur)에 위치한 지구라트로 20세기 초 발굴되었다. 고대 수메르인들이 신을 위해 지은 거대한 구조물이며 바벨탑의 실제 모델로 자주 언급된다.

우리는 탑이라는 말을 듣는 순간 하늘을 찌를 듯 솟은 건축물을 상상합니다. 그러나 창세기 11장에서 말하는 '믹달'은 그런 모습이 아닙니다. 고대인의 세계에서 보자면 타워(tower)가 아니라 지구라트(ziggurat)를 상상해야 합니다.

그림 ❺의 건물이 바로 그 유명한 우르의 지구라트입니다. 기원전 2000년경 우르 제3왕조 때 지어졌습니다. 바벨탑 이야기의 실제 배경이 되었을 가능성이 있는 건축물로, 지금 보아도 꽤 위압적인 크기입니다. 자세히 보면 꼭대기에 사람이 몇 명 서 있는데, 지구라트 크기와 비교해 보면 이 건축물이 당시 얼마나 '거대하게' 보였을지 짐작할 수 있습니다.

지구라트는 고대 메소포타미아 지역, 특히 수메르, 아카드, 바빌로니아, 아시리아 문명에서 건축된 계단형 신전이다. 주로 벽돌을 이용하여 층층이 쌓아 올린 구조로, 위로 올라갈수록 면적이 줄어들며 정상에는 특정 신을 위한 작은 성소(holy of holies)가 위치한다.

지구라트 내부는 일반적으로 비어 있으며 제의와 제사는 꼭대기 성소에서 행해졌다. 일반 백성은 꼭대기에 접근할 수 없었고, 신의 뜻을 해석하고 의식을 집행하는 사제나 왕만이 올라갈 수 있었다. 이러한 구조는 단순한 제단이 아니라 신과 인간 세계를 연결하는 상징적 건축물임을 뜻한다.

'우르의 지구라트'가 그 대표적인 예로 이 구조물은 기원전 21세기경 수메르 도시국가 우르에 세워졌으며 하늘의 신 난나(수메르어: Nanna, 아카드어: Sin)를 위한 것이었다. 복원된 모습은 지구라트의 기본 형태, 곧 거대한 기단 위에 여러 층의 테라스가 얹히고, 외부 계단을 따라 위층으로 올라가는 구조를 잘 보여준다.

지구라트는 단순한 종교 시설이 아니라 메소포타미아인들의 우주론과 신관(神

그림 ❻ 우르 지구라트 재구성 이미지
고고학자들이 추정한 우르 지구라트의 원형 모습이다. 상층부에 신전을 얹은 구조로, 하늘에 도전하는 상징이라기보다는 신이 머무는 장소, 하늘에 기도하는 장소로 이해된다.

태초에 질문이 있었다

觀)을 시각화한 상징체계다. 그들에게 지구라트는 신이 땅으로 내려오는 계단이자 인간이 신께 나아가는 길이었다. 하늘과 땅을 잇는 '성스러운 산'(axis mundi) 역할을 한 것이다.

그러나 한번 생각해 봅시다. 이 정도 크기(대략 높이 30미터 남짓)의 건물을 쌓아 올렸다고 해서 하나님께서 불안해하시거나 위협을 느끼셨을까요? 우리가 믿는 하나님이 그 정도 일로 동요하시는 분일까요? 그렇게 생각되지는 않습니다.

그림 ❻은 학자들이 고대 자료와 잔존 유물을 토대로 재구성한 모습입니다. 물론 실제로 이런 모습이었다는 확증은 없습니다. 그러나 당대인의 상상 속에 또는 후대의 기억 속에 이 건축물은 이처럼 웅장하고 신적인 공간으로 자리 잡고 있었을 것입니다.

탑의 꼭대기, 곧 지구라트의 정상에는 신전이 있었을 것으로 추정됩니다. 메소포타미아의 도시는 대개 중심에 지구라트를 세우고, 그 위에 신을 위한 거처를 지었습니다. 신의 강림을 청하는 '상징적 공간', 그것이 지구라트의 본래 목적이었습니다. 신에게 도전하기 위해 지은 것이 아니었습니다.

그 꼭대기를 하늘에 닿게 하여?

이제 바벨탑 이야기에서 또 하나 중요한 질문을 던져야 합니다. 사람들은 왜 탑을 쌓았을까요? 도대체 그들의 목적은 무엇이었을까요? 해답을 주는 것은 다음 본문입니다. "그 꼭대기를 하늘에 닿게 하여." 처음부터 '하늘에 도달하는 것'을 의도했다는 말로 들립니다. 그런데 히브리어 본문은 그렇게 말하지 않습니다.

창세기 11:4은 히브리어로 이렇게 기록되어 있습니다.

וּמִגְדָּל וְרֹאשׁוֹ בַשָּׁמַיִם (우믹달 베로쇼 밧샤마임)

직역하면 '그 머리가 하늘에 있는 큰 건물'이 됩니다. 이 구절은 탑을 쌓는 '의도'를 말하지 않습니다. 건물의 모습을 묘사하는 단순한 진술입니다. 마치 '창문이 하늘 가까이 있는 집', '지붕이 구름 위에 걸친 건물'이라는 표현과 같습니다. 영어권 주요 번역본 중 직역을 추구하는 영문표준역(ESV)은 이렇게 번역합니다. "a tower with its top in the heavens."

여기에는 '하늘에 닿게 하려고' 혹은 '하늘에 닿을 목적으로'라는 표현이 없습니다. 건물 꼭대기가 하늘에 걸쳐 있다는 사실을 묘사할 뿐입니다. "하늘에 닿게 하여"라는 번역은 이 구절을 '목적'으로 읽도록 유도합니다. 그리 좋은 번역은 아닙니다.

이러한 의역은 한편으로는 수직적 해석의 선입견 개입 때문이고, 다른 한편으로는 고대 건축에 대한 이해가 부족했기 때문입니다. 고대 메소포타미아에서 발견되는 지구라트는 단지 높은 건축물이 아니라 '하늘과 땅이 만나는 장소'로 이해되었습니다. 바벨탑 이야기와 깊은 관련이 있는 우르의 지구라트는 '에상길라'(Esagila)라는 이름으로도 알려져 있는데, 이 수메르어의 의미는 다음과 같이 풀 수 있습니다. "É-SAĞ-ÍL.LA." 여기서 É는 '집'을 뜻하고, SAĞ는 '머리', ÍL.LA는 '하늘에/하늘로'라는 뜻입니다. 곧 그 머리가 하늘에 있는 집이라는 뜻입니다. 창 11:4의 표현과 동일합니다.

또 다른 지구라트로 바빌론의 중심에 있었던 에테멘앙키(Etemenanki)는 다음과 같은 뜻을 지닙니다. "É-TEMEN-AN-KI." É는 역시 '집'이라는 뜻이고, TEMEN은 '기초/토대'를 의미합니다. AN은 '하늘'이고 KI는 '땅'입니다. 즉 '하늘과 땅의 기초가 되는 집'이라는 뜻입니다.

이러한 명칭에서 보듯, 고대인에게 지구라트는 신에게 도전하려고 쌓은 건물이 아니라 신이 이 땅에 임하는 통로였다는 사실이 분명히 드러납니다. 위로 올라가 신과 싸우고 자리를 차지하려는 인간의 교만이 아니라, 신의 임재를 바라는 공간이자 하늘의 뜻을 땅에 알리고 땅의 소리를 하늘에 상달하려는 목적을 가진 공간이었습니다. 신적 질서를 이 땅에 구현하려는 종교적 건축물이었던 셈입니다.

그림 ❼은 지구라트의 계단을 아래에서 올려다본 모습을 찍은 것입니다. 우리 시대의 눈으로 보면 그리 대단한 높이는 아니지만 고대인에게는 구름에 닿는 건물로 보였을 것입니다. 그들의 시선으로 보면 '머리가 하늘에 있는 집'은 전혀 과장이 아니었습니다. 그러나 어디까지나 현상에 대한 묘사일 뿐 신에게 도전하려는 목적은 없었습니다. 위협이 될 정도로 높았기 때문에 하나님이 개입하셨다는 수직적 해석은 그분의 성품을 지나치게 축소시킵니다. 에

그림 ❼ 지구라트를 아래에서 올려다본 시점의 계단 구조
고대인에게는 구름과 맞닿은 듯 보였을 수 있으나 현대 건물로는 몇 층 안 되는 높이다.

베레스트산을 세우시고 저 하늘의 별들을 지으신 분이 10층짜리 건물에 위협을 느끼셨을까요? 하나님께서 몇 미터 이상 되는 건물은 짓지 말라고 명령하신 적이 있을까요? 창세기 11장을 제외하면 성경에서 건물을 높게 지어서 문제가 된 적이 한 번이라도 있을까요? 이 질문에 대한 대답은 모두 '아니오'입니다.

'이름'의 히브리적 의미

이제 바벨탑 이야기의 또 다른 핵심 구절로 들어갑니다. "우리 이름을 내고"(창 11:4). 많은 사람이 이 문장을 이렇게 해석합니다. '사람들이 스스로 유명해지고 싶어 했구나. 이름을 떨치고 싶었구

 태초에 질문이 있었다

나.' 이름(name)을 명성(fame)과 동일시하여 자아(ego)를 드러내려는 욕망이나 명예욕으로 이 구절을 해석한 것입니다. 그러나 이러한 해석은 철저히 현대적입니다. 히브리적 사고, 고대인의 언어 문화와는 상당한 거리가 있습니다.

이 문장은 히브리어로 이렇게 기록되어 있습니다.

וְנַעֲשֶׂה־לָּנוּ שֵׁם (베나아세-라누 쉠)

직역하면 '우리가 이름을 만들자'입니다. 명성을 얻자는 선언이 아닙니다. 구약 전체에서 '이름'이라는 단어가 사용되는 방식을 살펴보면 외부로 알려지는 명성이 아니라 대(代)의 기억과 자손의 지속, 공동체의 정체성과 깊이 연결됨을 알 수 있습니다. 하나님이 아브라함에게 하신 약속을 떠올려 보십시오.

"내가 너로 큰 민족을 이루고 네게 복을 주어 네 이름을 창대하게
하리니"(창 12:2).

'이름을 창대하게 하겠다'는 말은 유명한 사람으로 만들어 주겠다는 뜻이 아닙니다. 이는 바로 앞 구절인 "너로 큰 민족을 이루고"와 평행을 이루며, 아브라함의 이름이 그 자손 안에서 계속 기억되도록 그의 후손이 끊이지 않고 계속 이어지게 하시겠다는 뜻입니다.

압살롬이 생전에 자기 무덤을 미리 세운 이유가 무엇입니까?

"이는 그에게 자기 이름을 전할 아들이 없음이라"(삼하 18:18).

압살롬은 자신의 이름이 끊길까 두려웠던 것입니다. 이름은 곧 기억이고, 기억은 곧 생명입니다. 나를 기억해 줄 자손이 없다면 그 이름은 사라지는 것입니다.

이사야서도 동일한 논리를 말합니다.

"그 이름이 내 앞에서 끊어지지 아니하였겠고……"(사 48:19).
"내 집과 내 성 안에서……영원한 이름을 주어 끊어지지 않게 할 것이며"(사 56:5).

이름이 끊어지지 않는다는 것은 자손이 끊어지지 않는다는 뜻입니다. '기억되고 불리고, 이어진다는 것.' 이것이 성경에서 말하는 이름의 복(福)입니다. 히브리어에서 이름은 단순한 호칭이나 외적 명성의 상징이 아닙니다. 이름은 계보이며 정체성이자 생명의 연장입니다.

창세기 2장에 흥미로운 장면이 하나 나옵니다. 사람(아담)을 홀로 두는 것이 좋지 않다고 말씀하신 하나님은 아담을 위해 돕는 배필을 지으십니다. "돕는 배필"로 번역된 히브리어 '에제르 케넥도'(עֵזֶר כְּנֶגְדּוֹ)는 '어울리는 짝'(matching partner) 정도의 의미로 이해

                                        태초에 질문이 있었다

하면 좋습니다. 그런데 그 흐름 사이에 아주 어색한 장면이 들어옵니다. 아담이 동물의 이름을 짓는 장면입니다.

> "여호와 하나님이 이르시되 사람이 혼자 사는 것이 좋지
> 아니하니 내가 그를 위하여 **돕는 배필을 지으리라** 하시니라.
> 여호와 하나님이 흙으로 각종 들짐승과 공중의 각종 새를
> 지으시고 아담이 무엇이라고 부르나 보시려고 그것들을
> 그에게로 이끌어 가시니 아담이 각 생물을 부르는 것이 곧 그
> 이름이 되었더라"(창 2:18-19).

많은 이들이 이 장면에서 김춘수의 시 「꽃」을 읽어 냅니다. "내가 그의 이름을 불러 주었을 때, 그는 나에게로 와서 꽃이 되었다." 그러나 이 구절은 존재의 인식에 관한 철학적 '시'가 아니라 짝 짓기와 자손에 관한 '서사'입니다. 하나님은 아담에게 어울리는 짝을 지어 주시려고 여러 동물을 창조하십니다. 아담은 그들에게 이름을 지어 주지만 그들은 아담의 짝이 되지 못합니다. "아담이 모든 가축과 공중의 새와 들의 모든 짐승에게 이름을 주니라. 아담이 돕는 배필이 없으므로"(창 2:20). 결국 아담에게 걸맞은 짝, 곧 자손을 함께 이을 동반자가 없음이 확인되자 하나님은 하와를 창조하십니다. 히브리어에서 '이름'과 '자손 번식'이 긴밀히 연결되어 있다는 것을 인식하지 않으면, 이 내러티브의 흐름을 이해할 수 없습니다.

이제 다시 창세기 11장으로 돌아오겠습니다. '우리가 이름을 만들자'는 말은 유명해지자는 뜻이 아닙니다. 오늘날 말로 '유명세'와 '브랜드'를 가리키는 표현이 아닙니다. '우리가 이 도시를 세우고, 계속 자손을 낳아 여기에 머무르자'는 의미입니다. 흩어지지 않으려는 그들의 계획을 구체화하는 표현일 뿐입니다.

그들이 "하고자 하는 일"

"그 하고자 하는 일을 막을 수 없으리로다"라는 구절은 무언가 위협적인 것을 연상시킵니다. 이대로 놔두면 사람이 하늘을 넘보고, 우상을 만들고, 자의적으로 법을 만들고, 심지어 신의 자리까지 넘보리라는 상상 말입니다. "이제 그들이 하려고만 하면 못할 일이 없겠구나"라는 공동번역의 해석이 나온 배경입니다.

"그 하고자 하는 일"의 히브리어 '콜 아쉐르 야즈무 라아소트'(כל אֲשֶׁר יָזְמוּ לַעֲשׂוֹת)를 직역하면 '그들이 계획하는 모든 일'입니다. 지금 이들이 계획하는 일이 무엇입니까? 하나님이 염려하신 것은 사람들이 앞으로 저지를지 모를 죄악이 아니라 그들이 마음을 모아 이미 '계획한' 일입니다. 그리고 그 계획이 무엇이었는지는 바로 앞 구절에 나와 있습니다. 본문을 넘어서는 상상력을 내려놓고 본문에 드러난 표현에 주목하시기 바랍니다. 그들이 하려는 계획은 성과 탑을 건설하고 자손을 낳아("우리 이름을 내고") 흩어지지 않으려는 것입니다. "온 지면에 흩어짐을 면하자"가 계획의 최종 목적입니다. 하늘에 도전하려는 욕망이 아니라 흩어지지 않으려는 욕망

　　　　　　　　　　　　　　　　　　　　태초에 질문이 있었다

이 그들의 동기였습니다.

그렇다면 이렇게 물을 수 있습니다. 도시를 짓고 대대로 자손을 이어 가면서 모여 산다는데 무슨 잘못이 있는가? 여기에 대답하려면 이 이야기의 문맥을 이해해야 합니다. 홍수 이후 노아 가족만 남아 있던 상황에서 하나님은 창세기 1장의 명령을 다시 반복하십니다. "생육하고 번성하여 땅에 충만하라"(창 9:11). 땅을 가득 채우라는 명령을 받은 노아의 후손들은 여러 민족으로 나뉘어 여러 지방으로 흩어집니다. 그 이야기가 10장에 묘사됩니다. 창세기 11장은 그들 가운데 일부가 메소포타미아 지역("시날")으로 옮겨 가는 과정에서 벌어진 사건입니다. 온 땅을 가득 채우라는 명령을 받은 이들이 그 명령을 거부한 것입니다. 그들은 흩어짐을 원하지 않았습니다. 하나님이 보시기에 그 점이 문제였습니다. 하나님의 명령을 거역하는 죄를 저지른 것이 맞습니다. 그러나 하늘에 높이 닿지 말라는 수직적 명령을 거역한 것은 아닙니다. 그러한 명령은 성경에 나오지 않습니다. 다만 땅을 가득 채우라는 수평적 방향의 명령을 거부한 것이 문제입니다.

언어는 혼잡해졌는가?

한 가지 더 언급할 것이 있습니다. 흔히 바벨탑은 '혼란'(chaos)으로 이해됩니다. 이 해석의 밑바탕이 된 것은 "혼잡"이라는 번역어입니다(창 11:7, 9). 히브리어 '발랄'(בלל)에는 '섞다, 혼합하다'(mix)라는 뜻이 있습니다. 이 단어는 혼란이나 혼잡(confuse)과는 다릅니다. 성경에서 '발랄'은 제사장이 제사에 쓸 기름과 고운 가루를 섞을 때 사용되는 단어입니다. 레위기에서 제물을 준비할 때 기름을 '섞는'(mix) 장면에 자주 등장합니다.

> "네가 화덕에 구운 것으로 소제의 예물을 드리려거든 고운
> 가루에 기름을 **섞어** 만든 무교병이나 기름을 바른 무교전병을
> 드릴 것이요"(레 2:4).
> "철판에 부친 것으로 소제의 예물을 드리려거든 고운 가루에
> 누룩을 넣지 말고 기름을 **섞어**"(레 2:5).

밀가루와 기름을 섞는 것은 혼잡과 혼란의 무질서가 아니라 조화를 만드는 행위입니다. '발랄'은 파괴나 혼돈의 언어가 아닙니다. 질서를 새롭게 짜는 언어라 할 수 있습니다. 창세기 11장에서 하나님이 언어를 '섞으셨다'는 것은 하나의 언어, 하나의 의지, 하나의 질서 속에서 침묵하던 다양성을 다시 열어 놓으신 행위입니다. 그렇게 흩어진 이들은 각기 다른 말과 문화를 품고 새로운 땅으로 나아갑니다. 그리고 성경의 내러티브는 바로 그 흩어진 자들의 한 갈래, 곧 바벨에서 나아간 한 사람, 아브라함을 따라가며 이어집니다.

성경 앞의 세계(in front of the Bible) – 지금 여기, 우리 시대

과연 하나의 언어, 하나의 문화가 더 나은 세상일까? 이제 성

경 앞에 선 자신에게 질문을 던질 차례입니다. 이 시대의 다양한 언어와 다양한 문화는 축복인가 저주인가? 하나님의 징벌의 결과인가, 하나님의 뜻대로 이루어진 결과인가?

전통적인 수직적 해석은 이 다양성을 부정적으로 봅니다. 그 까닭은 분명합니다. 바벨탑 이후 인간의 언어가 흩어지고 문화가 나뉜 모습을 교만하여 하나님께 도전했다가 징벌을 받은 결과로 보기 때문입니다. 하나였던 언어가 섞였고, 하나였던 문화가 분열되었고, 하나였던 인류가 뿔뿔이 흩어졌으니 다양성은 인간의 죄에 대한 하나님의 징벌의 흔적이라는 것입니다.

이 해석 아래에서는 '하나의 언어'가 이상적 상태이자 도달해야 할 이상향입니다. 반면 언어와 민족의 다양성은 저주의 결과이고 죄의 상징으로 여겨집니다. 이 관점은 신학의 문제를 넘어서서 현실 정치의 언어로도 변주되었습니다. '하나의 언어, 하나의 민족, 하나의 신념.' 이러한 구호는 역사 속에서 제국주의와 식민주의, 문화 말살을 정당화하는 논리로 사용되었습니다. 호주와 캐나다, 미국 등지에서 수많은 원주민 아이들은 부모에게서 떼어졌습니다. 아이들은 기숙학교로 보내졌고, 자신들의 언어는 잊어야 했습니다. 왜냐하면 그들의 '다양한' 언어는 신의 저주이기 때문이었습니다. 그들에게 영어와 성경이 가르쳐졌고, 피를 '희석'시킨다는 명목으로 백인에게 성폭력을 당하는 일도 빈번했습니다. 이른바 '순혈주의'(pure blood)와 '하나됨'이라는 구호 아래 그들의 정체성과 언어, 기억은 조직적으로 파괴되었습니다. 이러한 폭력의 밑바닥에 바벨탑 이야기를 오독한 신학이 놓여 있었습니다.

그러나 이 이야기를 수평적으로 읽으면 완전히 다른 세계가 열립니다. 하나의 언어 사용이 오히려 문제였다고 읽힙니다. 하나의 언어는 인간을 하나로 묶었습니다. 그러나 그 하나됨은 땅을 가득 채우라는 하나님의 명령을 가로막았습니다. 그들은 흩어지지 않기 위해 도시를 만들고, 성을 세우고, 탑을 올렸습니다.

그래서 하나님은 언어를 섞으십니다. 언어를 섞으심으로써 사람들을 흩으십니다. 그 흩어짐은 징벌이 아니라 하나님의 창조 목적이 실현되는 방식이었고, 언어를 다양하게 만드신 것은 그 목적을 이루는 수단이었습니다.

저는 오랜 시간 미국에서 외국인으로 살았습니다. 여러 사람이 저에게 이렇게 묻곤 했습니다. "한국 사람은 왜 영어를 잘 못하나요?" 그 질문에 저는 이렇게 대답하곤 했습니다. "한국 사람이 영어를 잘 못해서 저는 정말 감사해요."

만약 한국 사람이 영어를 너무 쉽게 배우고, 모국어처럼 영어를 구사하게 된다면 무슨 일이 벌어질까요? 한국어는 점차 사라지고, 한국어로 쓰인 책도 점점 줄어들 것이며, 결국 한국이라는 문화 생태계의 존재가 글로벌화라는 이름 아래 희미해질지도 모릅니다.

캐나다 토론토에 머물다가 단기 선교차 필리핀을 방문한 적이 있었습니다. 서점에 가보니 캐나다에서 보았던 영어 원서들이 꽂혀 있었습니다. "타갈로그어로 된 책 있나요?" 저의 물음에 서점 직

   태초에 질문이 있었다

원은 조그만 코너 하나를 가리켰습니다. 성경 몇 권, 동화책 몇 권이 전부였습니다. 필리핀 사람은 영어를 잘합니다. 그 결과 자국 언어로 책을 쓸 이유가 줄어듭니다. 그것은 곧 글을 쓰는 필리핀 저자가 줄어든다는 의미입니다. 좋은 책은 영어로 이미 나와 있으니 말입니다. 자신의 언어로 글을 쓰지 않게 되고, 자신의 목소리로 세상을 설명하지 않게 됩니다. 그렇게 언어는 사라지고, 문화도 함께 사라집니다.

우리나라도 마찬가지입니다. 우리가 세계화를 통해 세계로 나아가려는 순간, 동시에 세계가 우리 안으로 들어오고 있습니다. 이 흐름 속에서 우리만의 언어, 우리만의 노래, 우리만의 문장을 잃는다면 그것은 진정한 확장이 아니라 조용한 해체일지 모릅니다. 우리는 21세기를 살아가며 묻습니다. 다문화, 다언어, 다민족의 현실은 정말 하나님의 징벌인가? 아니면 창조 이후와 홍수 이후 하나님께서 다시 시작하신 제2의 창조 계획의 일부인가?

창세기 1:28과 홍수 이후 반복되는 말씀은 단순합니다.

"생육하고 번성하여 땅에 충만하라."

지구 위에 가득 퍼지라는 명령입니다. 9:1, 7에서도 그 말씀은 반복됩니다. 땅을 가득 채우라는 명령일 뿐, 땅을 정복하고 다스리고 지배하라는 명령은 아닙니다. 하늘을 공격해서 차지하라는 명령은 더더욱 아닙니다. 이 흐름 속에서 창세기 10장은 흩어지는 이야기입니다. 노아의 아들 셈과 함과 야벳의 자손이 어떻게 언어와 족속과 나라에 따라 흩어졌는지 길게 서술합니다.

10:32은 이렇게 말합니다.

"……노아 자손의 족속들이요 홍수 이후에 이들에게서 그 땅의 백성들이 나뉘었더라."

노아의 자손이 여러 민족과 언어와 지역으로 나뉠 때 성경은 그것을 죄의 결과로 설명하지 않습니다. 하나님은 누구도 심판하지 않으셨습니다. 흩어져 땅을 가득 채우는 역사 속에 창세기 11:1-9의 이야기가 포함되어 있습니다. 그리고 그 이야기는 11:10부터 다시 셈의 족보로 이어집니다. 이 문맥이 말해 주는 것은 창세기 11:1-9은 커다란 흩어짐의 이야기들 사이에 덧붙여진 하나의 '설명'이라는 사실입니다. 다들 부모와 자식 관계로서, 아무리 다른 땅에 살더라도 같은 언어를 썼을 텐데 왜 지역마다 언어가 달라졌는가? 그것을 설명하기 위해 이 짧은 이야기가 등장한 것입니다.

창세기 11장의 신학적 의미

우리는 흔히 창세기 1-11장을 '원역사'(原歷史)라 부릅니다. 창조, 타락, 홍수 그리고 바벨탑까지 이어지는 이 흐름은 이후 아브라함의 등장을 준비하는 거대한 서사의 토대로 이해됩니다. 전통적 해석은 이 서사를 이렇게 요약합니다. 하나님은 인간을 하나님의 형상대로 아름답게 창조하셨지만 창세기 3장에서 인간은 타락했고, 타락은 점점 깊어져 홍수로 심판을 받았고, 홍수 이후 다시 기회를 얻은 인류는 결국 바벨탑에서 또다시 교만을 드러냈다. 그래서 하나님은 이제 인류 전체를 버리고 단 한 사람(아브라함)을 선택하셨다.

이 흐름 속에서 바벨탑은 '붕괴의 마지막 지점'이며, 아브라함은 '선민의 시작점'이 됩니다. 그러나 이 해석에 의문이 생깁니다. 바벨탑은 하나님의 포기와 단절의 사건일까요? 아브라함은 하나님께 충성한 유일한 인물이었기에 선택된 것일까요?

제가 볼 때 전환의 지점은 바벨탑이 아니라 홍수입니다. 하나님은 노아와 그의 가족을 통해 제2의 창조를 시작하셨고, 창조 명령은 다시 반복되었습니다. "생육하고 번성하여 땅에 충만하라"(창 9:1, 7).

바벨탑 사건은 실패의 절정이 아니라 창조 명령에 대한 일부 사람들의 저항을 보여주는 한 장면일 뿐입니다. 소수의 사람들이 흩어짐을 두려워했고, 하나의 언어와 문화로 단단히 뭉치기 위해 도시를 만들고 탑을 쌓았습니다. 그것은 창조 명령을 정지시키는 시도였고, 하나님은 단일 언어를 섞으심으로써 창조의 흐름을 다시 열어 가신 것입니다.

이 바벨탑 이야기는 오순절 사건과 자주 비교됩니다. 바벨 때는 흩어졌으나 오순절 때는 모였고, 바벨 때는 언어가 나뉘었으나 오순절 때는 흩어짐과 분열의 저주가 하나됨으로 회복되었다는 도식입니다. 안타깝게도 이러한 해석은 성경을 피상적으로 읽을 때 가능합니다. 오순절은 하나의 언어로 회복된 사건이 아닙니다. 그날 모였던 사람들은 각기 다른 언어로 말했고, 각기 다른 언어로 하나님의 일을 들었습니다. "그들이 다 성령의 충만함을 받고 성령이 말하게 하심을 따라 **다른 언어들로** 말하기를 시작하니라"(행 2:4). 단일한 말로 복음이 전달된 것이 아니라 다양한 말로 하나의 뜻을 나눈 것입니다.

또한 오순절 이후 제자들은 다시 흩어집니다. 예루살렘에 머물지 않고 땅 끝을 향해 나아갑니다. 그러므로 바벨도 오순절도 결국은 흩어지는 이야기입니다. 단일성이 회복되는 사건이 아니라 다양성이 확장되는 사건입니다.

그렇다면 지금 우리가 경험하는 다언어, 다민족, 다문화 세계를 어떻게 바라보아야 할까요? 그것은 결코 징벌의 흔적이 아닙니다. 오히려 하나님의 창조 계획이 흘러가는 과정입니다. 온 땅에 퍼져 땅을 가득 채우라는 하나님의 계획이 지금도 진행되고 있는 것입니다. 물론 오늘날 세상에는 너무 많은 사람이 퍼져 있고, 너무 많은 말이 서로를 스쳐 지나가며, 때로는 단절과 상실을 만들어 냅니다. 그럼에도 하나님의 본래적 의도는 다양성이라는 사실을 다시 기억해야 합니다.

전통적인 수직적 해석은 이 다양성을 '징벌'로 해석합니다. 인간의 교만에 대한 하나님의 심판이자 하나의 원초적 언어를 잃어

   태초에 질문이 있었다

버린 죄의 결과이므로, 하나의 언어, 하나의 민족, 하나됨의 회복만이 바른길이라고 가르칩니다. 이런 해석은 경건의 표현일 수는 있어도 성경 본문을 충실히 읽은 결과는 아닙니다. 본문에 없는 것을 상상으로 덧입히고, 문맥과 언어의 뉘앙스를 무시한 채 텍스트를 왜곡하는, 신앙심 과잉에서 비롯된 해석입니다. 믿음으로 읽는다 하여 곧 성경을 바르게 읽는 것은 아닙니다. 하나님 앞에서 겸손해야 한다는 신앙적 동기는 존중되어야 하지만, 그 겸손이 성경 본문에 자신의 판단과 선입견을 얹는 방식이 된다면 그것은 '인본주의적 해석'이라 불러 마땅합니다. 하나님 앞에서 겸손을 강조하는 것이 '신본주의적 해석'은 아닙니다. 진정한 신본주의적 해석은 성경이 말하고 있는 하나님의 뜻을 최대한 본문 그대로 읽어 내려는 태도에서 시작됩니다.

하나님의 뜻은 한곳에 모여 일치된 구조에 갇혀 사는 것이 아니라 온 지면에 흩어져 서로 다른 언어로, 서로 다른 얼굴로 살아가되, 여전히 하나님의 형상을 따라 살아가는 것입니다. 바벨탑은 무너진 것이 아닙니다. 바벨탑은 흩어진 것입니다. 그리고 그 흩어짐 속에서 하나님의 역사는 계속됩니다. 흩어짐은 징벌이 아닙니다. 그것은 창조의 과정입니다. 바벨 이야기의 마지막이 이렇게 끝나는 이유입니다.

"여호와께서 거기서 그들을 온 지면에 흩으셨더라"(창 11:9).

처음에는 모든 사람이 같은 언어, 같은 어휘를 사용했습니다.

그러다가 한 부류가 동쪽으로 이동하다가 시날(메소포타미아) 지역에서 평야를 발견하고는 거기에 머물렀습니다.

그들은 서로 이렇게 말했습니다.

"자, 돌과 진흙으로 건물을 짓지 말고 벽돌을 만들어 튼튼한 건물을 지읍시다. 도시를 건설하고 하늘에 닿는 커다란 건물을 만들어서 자손을 낳고 대대로 살면서 절대 흩어지지 맙시다!"

하나님께서 내려오셔서 사람들이 짓고 있는 도시와 큰 건물을 보셨습니다.

하나님께서 말씀하셨습니다.

"이 사람들이 이렇게 할 수 있는 것은 모두 같은 언어를 사용하고 같은 어휘를 쓰기 때문이다. 만약 이대로 두었다가는 한곳에 머물러 흩어지지 말자는 그들의 계획을 막을 수가 없을 것이다. 그러니 이제 그들의 언어를 다양하게 해서 그들이 서로의 말을 알아듣지 못하게 하자!"

하나님께서는 이렇게 그 사람들을 온 세계로 흩으셨습니다. 그들은 도시를 건설하는 것을 중단했습니다.

이런 이유로 그 도시의 이름이 '바빌론'이라 불리게 되었습니다. 왜냐하면 그곳에서 하나님께서 사람들의 언어를 다양하게 하셨기 때문입니다.

하나님은 이런 방식으로 사람들을 온 세계로 퍼지게 하셨습니다.

5장

소돔과 고모라는 왜 멸망했는가

창세기 18–19장

1. 창세기 19장에서 소돔 사람들이 저지른 잘못은 무엇이며,
   본문은 그들의 잘못을 어떻게 묘사하고 있는가?

2 에스겔 16:49-50과 이사야 3:9-15,
   예레미야 23:14에서 말하는 소돔의 죄는 무엇인가?

창세기 19장에는 소돔과 고모라 이야기가 등장합니다. 그러나 이 이야기를 온전히 이해하려면 18장과 함께 읽어야 합니다. 아브라함과 '세 사람' 이야기, 하나님과 아브라함 사이에 오간 대화 그리고 대화 이후 이어지는 '두 천사'의 소돔 방문 장면까지 18장과 19장은 하나의 이야기입니다. 18장과 19장을 연결해서 읽을 때, 이 본문이 단순한 심판 이야기가 아니라 인간관계와 하나님의 정의 구현에 관해 깊은 질문을 던지는 이야기임을 알 수 있습니다.

'소돔'이라는 단어는 오랜 시간 동안 서구 기독교 문화권에서 동성애와 연결되어 해석되어 왔습니다. 영어 단어 'Sodomy'에 그러한 해석의 흔적이 있습니다. 영화와 문학, 종교 문헌에서 '소돔'은 종종 남성 간 성행위를 상징하는 단어로 사용되었고, 그 결과 소돔과 고모라 이야기도 이러한 시각에서 이해되어 왔습니다. 이 오래된 해석의 역사는 무시할 수 없는 무게로 성경 이해에 영향을 미쳤습니다.

그러나 이 이야기의 본뜻에 가까이 다가가려면 오래된 해석의 그림자 너머로 눈을 돌려야 합니다. 책과 그림, 영상 등 소돔과 고모라를 다룬 수많은 이미지를 살펴보면 흥미롭게도 성적 지향 자체보다 오히려 이성애적 탐욕과 쾌락, 무절제함이 훨씬 강조되어 왔습니다.

그림 ❽은 1950년대 작품입니다. 인간의 타락이 동성애적 상징이 아니라 술과 향락, 탐욕과 여성의 육체 중심으로 묘사됩니다. 그림에 드러난 욕망은 대부분 이성애적이며, 문란한 쾌락의 상징

그림 ❽ 소돔과 고모라를 묘사한 출처 불명의 이미지

으로 여성이 도구화되어 등장합니다.

또 다른 예로 1957년에 출간된 어느 책 표지(그림 ❾)를 보면 눈에 띄는 여성의 형상이 등장합니다. 창세기에는 롯의 아내를 제외하면 여성이 주인공으로 등장하지 않음에도 이 표지는 이국적이고 관능적인 여성 이미지를 중심에 둡니다. 이는 1950년대의 남성 중심 문화가 '소돔과 고모라'를 소비하는 방식을 보여줍니다. 실제 이야기보다 당시 사회의 욕망이 반영된 이미지입니다.

이 작품을 영화화한 1962년작 「소돔과 고모라」(The Last Days of Sodom and Gomorrah)도 향락과 방종, 무분별한 이성애적 탐욕,

태초에 질문이 있었다

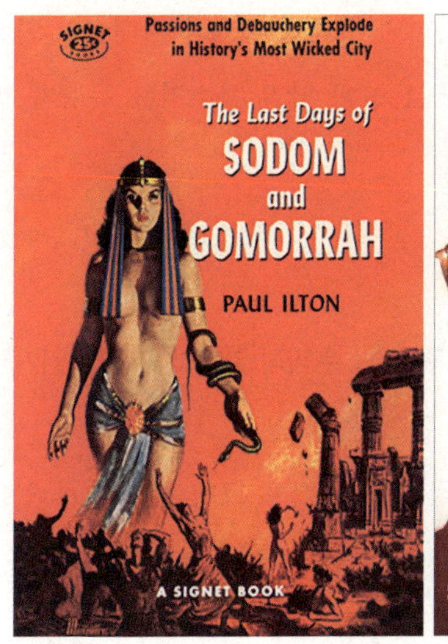

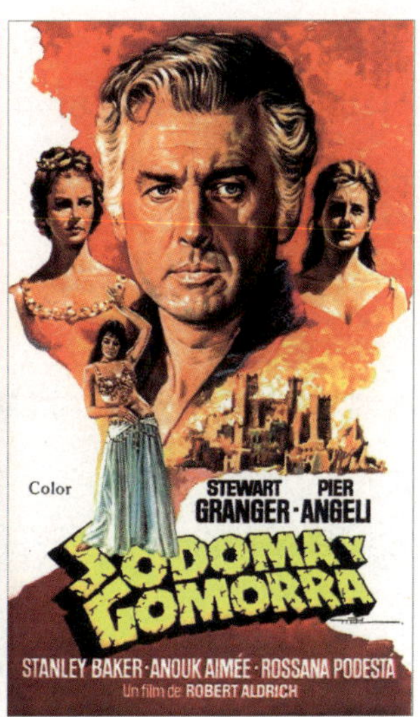

그림 ❾ Paul Ilton, *The Last Days of Sodom and Gomorrah* (Signet, 1957) 표지, 좌
그림 ❿ 「The Last Days of Sodom and Gomorrah」(1962) 영화 포스터, 우

폭력과 노예 반란 그리고 아랍 세력으로 대표되는 외세의 침입이라는 주제 중심으로 이야기를 풀어 갑니다. 어느 동양 여성이 백인 남성들 앞에서 파격적인 공연을 펼치고, 성벽이 무너지는 와중에도 남녀가 애정 행각을 벌이는 장면이 영화에 나옵니다. 여기서 소돔의 멸망은 단순한 도덕적 퇴폐의 결과라기보다는 당대 미국 사회가 느꼈던 사회적 불안, 이민자에 대한 두려움, 계급적 긴장 그리고 (주로 이성애적) 쾌락에 대한 욕망과 죄의식 등이 투영된 결과로 나타납니다.

결국 이렇게 묻지 않을 수 없습니다. 소돔과 고모라가 멸망한 진짜 이유는 무엇인가? 우리가 알고 있는 소돔과 고모라는 과연 성경이 보여주는 이야기인가, 아니면 오래된 해석과 시대상의 반영인가? 이제 본문으로 돌아가 그 안에 담긴 목소리를 듣고자 합니다.

창세기 19장을 읽는 두 가지 관점 - 수직적 읽기와 수평적 읽기

소돔과 고모라 이야기에 접근하는 방식으로 크게 두 가지가 있습니다. 하나는 성 윤리와 하나님의 심판으로 이해하는 전통적 해석이며, 다른 하나는 '환대와 폭력'이라는 관계 윤리 문제로 해석하는 접근입니다. 두 해석은 결과만이 아니라 성경을 바라보는 전제와 독해 방식에서도 뚜렷이 갈라집니다.

첫 번째 관점은 소돔 멸망의 이유를 동성 간 성행위에서 찾습니다. 이 해석은 성적 죄악이 창세기 19장의 핵심이며, 하나님이 금하신 계명을 어긴 것이라고 이해합니다. 그러나 하나님이 동성애를 직접 금하시는 내용은 창세기 1-18장에 제시되지 않습니다. 동성애를 죄로 다루는 본문은 레위기 같은 제사법에 등장하며, 창세기 19장 이야기에는 그러한 금령이 존재하지 않습니다. 즉 첫 번째 관점은 나중에 나올 율법 계명을 창세기의 맥락에 적용한 해석이라고 볼 수 있습니다.

두 번째 관점은 수평적 관계, 곧 이웃과 낯선 사람을 어떻게 대하느냐에 초점을 맞춥니다. 외부인을 환대하지 않고 오히려 폭력을 행사한 데 소돔의 죄가 있다는 것입니다. 환대 문화가 생존을 의미했던 고대 근동 세계에서 나그네를 해치는 행위는 사회적 악행이자 공동체 윤리를 무너뜨리는 중대한 죄였습니다. 이 해석은 창세기 18장과 19장을 연결해서 읽을 때 더 분명해집니다.

1. 수직적 이해가 놓치고 있는 것들

창세기 13장에서 소돔 사람은 아래와 같이 묘사됩니다. "소돔 사람은 악하여 여호와 앞에 큰 죄인이었더라"(창 13:13). 또 창세기 18장에서는 하나님께서 직접 이렇게 말씀하십니다. "여호와께서 또 이르시되 소돔과 고모라에 대한 부르짖음이 크고 그 죄악이 심히 무거우니"(창 18:20).

그러나 성경은 그 '죄'가 구체적으로 무엇인지 설명하지 않습니다. 악하고, 죄가 중하며, 소돔에 대한 커다란 탄원이 있었다는 표현이 등장하지만 그들이 저지른 잘못이 무엇인지는 명시되지 않습니다. 그러므로 창세기 19장과 지금까지의 내러티브를 통해 죄의 정체를 유추할 수밖에 없습니다. 그리고 그 이야기는 아래와 같이 시작됩니다. 아홉 절밖에 안 되는 바벨탑 이야기가 기독교 신앙에서 차지하는 위치가 크듯, 소돔과 고모라 이야기 역시 분량에 비해 그 비중은 작지 않습니다. 그래서 전체 본문을 다 살펴보는 것이 그리 어려운 일은 아닙니다.

"저녁 때에 그 두 천사가 소돔에 이르니 마침 롯이 소돔 성문에
앉아 있다가 그들을 보고 일어나 영접하고 땅에 엎드려 절하며
이르되 내 주여, 돌이켜 종의 집으로 들어와 발을 씻고 주무시고
일찍이 일어나 갈 길을 가소서. 그들이 이르되 아니라. 우리가
거리에서 밤을 새우리라. 롯이 간청하매 그제서야 돌이켜 그
집으로 들어오는지라. 롯이 그들을 위하여 식탁을 베풀고
무교병을 구우니 그들이 먹으니라. 그들이 눕기 전에 그 성 사람
곧 소돔 백성들이 노소를 막론하고 원근에서 다 모여 그 집을
에워싸고 롯을 부르고 그에게 이르되 오늘 밤에 네게 온
사람들이 어디 있느냐. 이끌어 내라. 우리가 그들을 상관하리라"
(창 19:1-5).

이 본문에 대한 수직적 해석의 핵심 단어는 바로 "상관하리라"
입니다. 히브리어로 '야다'(ידע)라는 동사이며 원뜻은 '알다'입니다.
단순한 인지적 인식뿐 아니라 경험적이고도 관계적인 앎을 포함합
니다. 아담이 하와를 '알았다'고 표현할 때도 이 단어가 사용되며,
성적 관계를 포함한 친밀한 관계를 의미합니다. 그러므로 본문의
"두 천사"가 남성이었다고 간주한다면 "상관하리라"는 단순한 만
남이나 인지적, 인격적 교류가 아니라 성관계를 내포합니다. 창세
기 19장이 동성 간 성행위를 금지하는 본문으로 이해되기에 충분
한 내용입니다.

그러나 본문은 여기서 한 걸음 더 나아갑니다.

　　　　　　　　　　　　　　　　　　　　태초에 질문이 있었다

"그들이 이르되 너는 물러나라. 또 이르되 이 자가 들어와서
거류하면서 우리의 법관이 되려 하는도다. **이제 우리가 그들보다
너를 더 해하리라** 하고 롯을 밀치며 가까이 가서 그 문을
부수려고 하는지라"(창 19:9).

히브리어 원문을 풀어 보면 '우리(소돔 사람)는 그들(두 천사)에
게 저지를 악한 일보다 더 악한 일을 너(롯)에게 행할 것이다'라는
의미입니다. 이 문장에서 두 천사에 대한 소돔 사람들의 의도가 단
지 성적 접촉이 아니라 강제적 폭력이며, 낯선 이를 향한 적대적
배척이라는 것이 드러납니다. 창세기 19장이 중점적으로 다루는
문제는 폭력의 문제이며, 환대의 실패입니다. 집에 들어온 낯선 사
람들을 보호하려는 롯의 행동, 그들을 해치려는 소돔 사람들의 행
동은 근본적으로 환대와 배척, 평화와 폭력의 대비로 이해됩니다.
　관련하여 주목할 구절이 하나 더 있습니다. 바로 창세기 19:4
입니다.

"소돔의 백성들이 노소를 막론하고 원근에서 다 모여."

וְאַנְשֵׁי הָעִיר אַנְשֵׁי סְדֹם נָסַבּוּ עַל־הַבַּיִת מִנַּעַר וְעַד־זָקֵן כָּל־הָעָם מִקָּצֶה
(베안쉐이 하이르 안쉐이 세돔 나삽부 알-합바이트 민나아르 베아트-
자켄 콜-하암 믹카체)

이 구절을 직역하면 '그 성 사람들, 곧 소돔 사람들이 그 집을 둘러쌌다. (그들은) 곧 어린아이로부터 늙은이에 이르기까지 (성의) 끝에서 온 모든 사람이다'입니다.

과장된 숫자가 아닙니다. 창세기 18장에서 하나님과 아브라함이 나눈 대화, 곧 의인 열 명이라도 있다면 그 성을 멸하지 않겠다는 약속에 대한 응답입니다. 소돔에는 열 명이 아니라 단 한 명의 의인도 존재하지 않았다는 것을 분명히 하는 표현이며, 소돔이 멸망할 수밖에 없는 타당한 사유입니다.

여기 등장하는 단어 '나아르'(נַעַר)는 갓난아이부터 결혼하지 않은 젊은 남성을 모두 포함하는 단어입니다. 성인과 노인뿐 아니라 어린아이와 청소년까지 모조리 모였다는 의미입니다. 소돔의 모든 남자가 한 사람도 빠짐없이 동성애자였다는 해석이 무리라면, 이 표현은 공동체 전체가 낯선 이를 향해 폭력적 태도를 보였다는 암시로 이해하는 편이 적절합니다. 모두가 하나같이 낯선 이를 해치려는 장면 속에 '소돔의 죄'의 본질이 드러납니다.

만약 소돔의 문제를 특정한 성적 행위로 축소한다면 본문이 말하려는 더 깊은 윤리적, 공동체적 경고를 놓칠 위험이 있습니다. 소돔의 죄는 단지 윤리적 실책 하나가 아니라 낯선 이를 향한 전면적 배척, 환대의 붕괴, 집단 폭력이라는 거대한 인간적 실패였습니다. 창세기 19장은 하나님의 정의가 머물 수 없는 땅의 풍경 묘사에 목적이 있습니다.

소돔의 죄를 성적 행위로 환원하는 전통적 해석은 또 다른 본문과 비교할 때 그 한계가 드러납니다. 창세기 19장과 거의 평행 구조를 이루는 사사기 19장이 그 본문입니다. 두 본문은 단순히 사건만이 아니라 언어와 구조, 서사의 흐름에 이르기까지 긴밀하게 연결된 '평행 본문'입니다. 사사기 19장은 창세기 19장을 의도적으로 반영하며, 그 속에 담긴 메시지를 다시 조명합니다.

사사기 19장의 배경은 이렇습니다. 에브라임 산지 출신의 어느 노인이 베냐민 지파의 도시인 기브아에 머물고 있었습니다. 어느 날, 한 나그네가 이 도시로 들어옵니다. 그는 유다 베들레헴에서 첩을 찾아 돌아가던 길이었고 머물 곳을 찾고 있었습니다. 그러나 도시 사람 가운데 누구 하나 그를 영접하려 하지 않습니다. 이는 단순한 무관심이 아니라 공동체 전체의 윤리와 신앙의 붕괴를 시사하는 장면입니다.

> "그 노인이 이르되 그대는 안심하라. 그대의 쓸 것은 모두 내가
> 담당할 것이니 거리에서는 유숙하지 말라 하고 그를 데리고
> 자기 집에 들어가서 나귀에게 먹이니 그들이 발을 씻고 먹고
> 마시니라"(삿 19:20-21).

이후의 전개는 창세기 19장과 거의 동일합니다. 사람들이 집을 에워싸고 나그네를 끌어내라고 요구하며, 주인은 손님을 지키기 위해 자신의 딸과 나그네의 첩을 대신 내어 주려 합니다. 평행 구조는 외형적 유사성에 그치지 않으며 핵심 어휘에 이르기까지

동일합니다.

> "그 성읍의 불량배들이 그 집을 에워싸고 문을 두들기며 집 주인
> 노인에게 말하여 이르되 네 집에 들어온 사람을 끌어내라.
> 우리가 그와 관계하리라 하니"(삿 19:22).

개역개정역은 "그 성읍의 불량배들"이라고 번역하여 기브아에 사는 사람들 중 일부 악한 자들이 폭력을 저질렀다고 곡해하게 만듭니다. 그러나 사사기 19:22의 히브리어 원문에서 도시 사람 전체를 지칭하는 '안쉐이 하이르'(אַנְשֵׁי הָעִיר)와 악한 자들을 의미하는 '안쉐이 브네 벨리야알'(אַנְשֵׁי בְנֵי־בְלִיַּעַל)은 동격으로 사용됩니다. 직역하면 '그 성읍의 사람들, 곧 어리석은 나쁜 사람들'입니다. 하나님의 뜻을 거스르는 일부 불량배 문제가 아니라 도시 사람 전체가 부패했다는 총체적 진단을 담고 있습니다.

　행동 묘사 역시 두 본문이 같습니다. 사사기에서 그들은 집을 둘러싸고 문을 두드리며, 나그네에게 "상관하리라"고 말합니다. 이는 창세기에서 사용된 표현 및 단어가 하나하나 일치함을 보여줍니다. 이 반복은 우연이 아니라 두 본문이 동일한 주제를 다른 상황에서 다시 말하고 있음을 뜻합니다. 이것은 단지 성적 타락의 이야기가 아니라 낯선 이를 어떻게 대하느냐, 외부인을 어떻게 환대하느냐는 윤리적 질문입니다. 창세기 19장과 사사기 19장은 나그네가 도시에서 환영받지 못하고 오히려 폭력과 위협에 직면하는

 　　　　　　　　　　　　　　태초에 질문이 있었다

이야기이며, '환대의 파괴'라는 주제가 그 중심에 있습니다

사사기 19장은 결국 비극으로 끝납니다. 노인은 손님을 보호하기 위해 자신의 딸과 손님의 첩을 대신 내어 주려 했고, 결국 첩이 밖으로 끌려나가 집단 성폭력을 당한 후 죽음을 맞이합니다. 다음 본문은 묘사하기 어려운 참혹함을 독자에게 전달합니다.

"그들이 그 여자와 관계하였고 밤새도록 그 여자를 능욕하다가
새벽 미명에 놓은지라"(삿 19:25).

이처럼 창세기 19장과 사사기 19장은 구조적으로, 언어적으로 거의 동일하게 구성되었으며 핵심 메시지에서도 하나의 선(善)을 공유하고 있습니다. 그것은 낯선 이를 맞이하고, 약자를 보호하며, 공동체의 수평적 관계를 지키는 것이 '하나님의 형상'으로서 사람됨의 본질이라는 가르침입니다. 두 본문이 가리키는 것은 이방인과 낯선 이를 함부로 대하는 집단의 폭력성, 그리고 그에 대한 하나님의 징벌로서 공동체의 파괴입니다. 한곳에 모여서 흩어지지 말고 성을 이루어 살자는 바벨 사람들의 '하나됨'의 욕망이, '집단 외부 사람에 대한 폭력'의 위험성을 내포하고 있다며 고발하는 본문입니다.

이와 같은 관점은 다른 구약 본문에서도 지지를 받습니다. 예언서들은 소돔의 죄를 언급할 때 이를 동성 간 성행위와 직접 연결하지 않습니다. 오히려 그 본질을 정의 구현의 실패로 묘사합니다.

대표적인 예가 에스겔 16장입니다.

> "네 아우 **소돔의 죄악**은 이러하니 **그[녀]와 그[녀]의 딸들에게**
> **교만과 음식물의 풍족함과 태평함이 있음이며 또 그[녀]가**
> **가난하고 궁핍한 자를 도와주지 아니하며** 거만하여 가증한 일을
> 내 앞에서 행하였음이라. 그러므로 내가 보고 곧 그들을 없이
> 하였느니라"(겔 16:49-50).

이 본문에서 "그[녀]와 그[녀]의 딸들"은 도시 소돔과 그 거주민을 가리키는 말입니다. 히브리어에서 '도시'는 여성 명사이기에 의인화된 여성 이미지로 서술됩니다. 여기서 주목해야 할 내용은 '음식물의 풍족함에도 불구하고 가난한 자를 돌보지 않은 것'이 소돔의 죄였다고 설명된다는 점입니다. 단지 풍요로워서가 아니라 그 풍요를 나누지 않은 교만과 무관심이 문제였다는 것입니다.

이사야서 역시 예루살렘과 유다의 타락을 소돔에 비유합니다. 이들은 하나님의 영광을 대적하고, 가난한 자를 짓밟으며, 재물을 탐해 포도원을 삼키는 불의를 저질렀습니다. 이사야는 이렇게 말합니다.

> "그들의 죄를 말해 주고 숨기지 못함이 소돔과 같으니 그들의
> 영혼에 화가 있을진저……여호와께서 자기 백성의 장로들과
> 고관들을 심문하러 오시리니 **포도원을 삼킨 자는 너희이며**

태초에 질문이 있었다

가난한 자에게서 탈취한 물건이 너희의 집에 있도다. 어찌하여 너희가 **내 백성을 짓밟으며 가난한 자의 얼굴에 맷돌질하느냐**"(사 3:9, 14-15).

예레미야 역시 예루살렘의 예언자들을 책망하면서 소돔을 언급합니다. 이 예언자들은 거짓을 말하고, 악한 자의 손을 강하게 하며, 백성이 악에서 돌이키지 못하도록 방관했습니다.

"내가 예루살렘 선지자들 가운데도 **가증한 일**을 보았나니 그들은 **간음을 행하며 거짓을 말하며 악을 행하는 자의 손을 강하게 하여 사람으로 그 악에서 돌이킴이 없게 하였은즉** 그들은 다 내 앞에서 소돔과 다름이 없고 그 주민은 고모라와 다름이 없느니라"(렘 23:14).

이 본문들은 소돔을 동성애의 상징으로 보지 않습니다. 에스겔과 이사야와 예레미야가 소돔의 죄로 규정하는 것은 불의와 교만, 사회적 약자에 대한 냉혹함, 공동체 윤리의 붕괴입니다. 결국 소돔의 문제는 환대 실패, 인간됨을 잃은 사회적 폭력 그리고 약자를 돌보지 않은 교만에서 비롯된 것입니다.

본문을 정확히 읽는다는 것은 신학적 틀로 익숙하게 받아들인 해석에 대해 다시 질문을 던지는 일입니다. 텍스트는 말합니다. 죄는 관계의 파괴이고, 하나님의 진노는 인간의 성적 지향이나 무분별한 성욕의 문제보다 훨씬 더 깊고 본질적인 문제, 곧 함께 살아가는 삶에 대한 하나님의 요청 위에 서 있다고.

2. 창세기 19장 수평적 읽기

이제 창세기 19장을 수평적 읽기의 관점에서 본격적으로 살펴볼 차례입니다. 먼저 창세기 18장, 아브라함의 환대 장면을 읽어야 합니다. 소돔과 고모라의 멸망 이야기는 19장에서 갑자기 등장하는 것이 아니라 18장에서 시작된 이야기의 연속입니다. 무엇보다 아브라함이 세 나그네를 맞이하는 장면은 낯선 이를 대하는 모범과 규범을 제시합니다.

창세기 18장은 이렇게 시작됩니다.

"여호와께서 마므레의 상수리나무들이 있는 곳에서

아브라함에게 나타나시니라. 날이 뜨거울 때에 그가 장막 문에

앉아 있다가 눈을 들어 본즉 **사람 셋**이 맞은편에 서 있는지라.

그가 그들을 보자 **곧** 장막 문에서 **달려나가 영접하며 몸을 땅에**

굽혀 이르되 **내 주여, 내가 주께 은혜를 입었사오면** 원하건대

종을 떠나 지나가지 마시옵고 물을 조금 가져오게 하사 당신들의

발을 씻으시고 나무 아래에서 쉬소서. 내가 떡을 조금

가져오리니 당신들의 마음을 상쾌하게 하신 후에 지나가소서.

당신들이 종에게 오셨음이니이다. 그들이 이르되 네 말대로 그리하라"(창 18:1-5).

본문은 아브라함이 하나님을 맞이했다고 기록하지만 정작 아브라함 자신은 그들이 누구인지 분명히 알지 못합니다. 하나님께서 그에게 나타나셨다는 서술과 달리 아브라함은 단지 "사람 셋"을 본 것으로 묘사됩니다. 길을 지나가는 낯선 이들일 뿐이지만, 아브라함은 그들이 누구든 간에 달려나가 영접하고, 땅에 엎드려 예를 갖추며, 존칭으로 상대를 높입니다. "내 주여"라는 표현은 하나님께만 쓰이는 호칭은 아닙니다. 상대를 '(나의) 주인님'으로 부르고, 자신을 '당신의 종'으로 표현하며, 스스로를 낮추는 방식은 히브리어의 대표적인 존대 화법입니다.

집 주인이 지나가는 사람에게 아무 대가 없이 온정을 베푸는 것을 '은혜'라 할 수 있습니다. 그런데 아브라함은 손님이 자기 집에 머물며 대접을 받는 것이 곧 자신에게 은혜를 베푸는 것이라고 반대로 말하고 있습니다. 자기가 베푸는 은혜를 받아들이는 것이 자신에게 '은혜'가 된다는 말입니다. 더욱 흥미로운 것은 이들을 대접하는 아브라함의 이유입니다. 다른 이유가 없습니다. 단지 그들이 자신의 집 앞을 지나가기 때문입니다("당신들이 종에게 오셨음이니이다"). 특별한 요구나 청탁을 하려는 것도 아닙니다. 차린 음식을 먹고 쉬었다가 가던 길을 계속 가라고 할 뿐입니다.

그들을 대접하는 아브라함의 속마음이 무엇인지는 모릅니다.

하나님의 사자임을 알아챘기 때문에 그랬을 수도 있습니다. 그들로부터 더 큰 복을 받기 위한 '교묘한 작전'이었을 수도 있습니다. 그러나 성경은 아브라함의 속마음을 말하지 않습니다. 성경이 말하지 않은 것을 상상력으로 채우지 않으려는 태도가 중요합니다. 혹자는 "손님 대접하기를 잊지 말라. 이로써 부지중에 천사들을 대접한 이들이 있었느니라"(히 13:2)라는 구절을 들어 천사(하나님의 사자)를 대접할 수도 있겠다는 생각이 있었다고 주장할 수도 있습니다. 그러나 히브리서의 구절은 아브라함과 그 뒤에 나오는 롯 이야기에 대한 언급입니다. 아브라함이 히브리서 말씀을 미리 알고 행동했을 가능성은 없습니다. 게다가 히브리서는 "부지중에"라는 표현을 써서 아브라함이(그리고 후에 롯이) 이들이 천사라는 사실을 전혀 모르고 대접했음을 분명히 합니다. 아브라함은 단순히 그들이 '자기에게 왔다'는 이유 하나만으로 최상의 대접을 합니다.

본문은 이어서 이렇게 말합니다.

"아브라함이 **급히** 장막으로 가서 사라에게 이르되 **속히 고운
가루 세 스아를** 가져다가 반죽하여 떡을 만들라 하고
아브라함이 또 가축 떼 있는 곳으로 **달려가서 기름지고 좋은
송아지를** 잡아 하인에게 주니 그가 **급히** 요리한지라.
아브라함이 **엉긴 젖과 우유와** 하인이 **요리한 송아지를** 가져다가
그들 앞에 차려 놓고 **나무 아래에 모셔 서매** 그들이 먹으니라"
(창 18:6-8).

"급히", "속히"라는 부사와 "달려가서"라는 동사가 눈에 띕니다. 일반적인 상황이라면 급히 서두르는 것은 부정적 뉘앙스를 띠겠지만, 이 환대의 문맥에서 긴박함과 긴장감은 대접하는 사람의 정성스러운 태도를 극적으로 묘사하는 효과가 있습니다. 아브라함은 간단하게 물과 떡만 차리겠다고 말해 놓고는("물을 조금," "떡을 조금"), 실제로는 고운 가루 세 스아(약 20리터), 기름진 송아지, 엉긴 젖과 우유라는 고급 재료로 한 상 크게 차립니다. 모두 지방질이 풍부한 음식입니다. 지방은 고대 가나안 지역에서 부족할 수밖에 없던 필수 영양소입니다. 손님들이 식사하는 도중 아브라함의 태도가 어떠했는지도 간과해서는 안 됩니다. 그는 손님들과 함께 먹지 않습니다. 나무 그늘 아래 시원한 곳에서 음식을 대접하면서 옆에 서 있습니다. 환대란 무엇인가, 환대란 어떠해야 하는가를 보여주는 최고의 예시입니다.

이 장면에서 우리는 다음 장인 창세기 19장을 이해할 수 있는 핵심 틀을 발견합니다. 즉 아브라함의 환대와 소돔 사람들의 적대는 정반대 서사를 구성한다는 것입니다. 전자는 생명을 살리는 모범적 상징이고, 후자는 낯선 이에게 보이는 폭력으로 끝내 파괴되고 마는 사회의 상징입니다. 창세기 19장은 이러한 관점에서 읽을 때 구절 하나하나의 의미가 살아납니다.

창세기 19장 서두가 18장과 얼마나 닮았는지 확인해 보시기 바랍니다.

"저녁 때에 그 두 천사가 소돔에 이르니 마침 롯이 소돔 성문에 **앉아 있다가** 그들을 보고 **일어나 영접하고 땅에 엎드려 절하며** 이르되 **내 주여, 돌이켜 종의 집으로 들어와 발을 씻고 주무시고 일찍이 일어나 갈 길을 가소서.** 그들이 이르되 **아니라. 우리가 거리에서 밤을 새우리라.** 롯이 **간청하매** 그제서야 돌이켜 그 집으로 들어오는지라. 롯이 그들을 위하여 **식탁을 베풀고 무교병을 구우니** 그들이 먹으니라"(창 19:1-3).

롯의 환대는 아브라함의 환대를 연상시킵니다. "영접하고", "엎드려 절하며", "내 주여", "종의 집"이라는 표현 모두 창세기 18장에서 아브라함이 사용했던 어휘와 거의 동일합니다. 롯 역시 처음 보는 이들에게 정중히 절하고, 자신의 집에 들어오기를 청합니다. 이들이 천사인지 아닌지 롯은 알지 못합니다. 그저 낯선 이를 향한 환대. 그것이 롯이 취한 행동의 전부입니다.

그들이 "아니라 우리가 거리에서 밤을 새우리라"고 말하자 롯은 초대를 강권합니다. 환대 문화에서 손님은 겸손하게 사양하는 것이 예의이며, 주인은 정중하고도 강하게 손님을 붙잡는 것이 덕목이었음을 시사하는 대목입니다. 아브라함의 태도가 '낮의 환대'가 어떠해야 하는가를 보여준다면, 롯의 행동은 '밤의 환대'가 무엇인지 규범을 설정해 줍니다. '밤의 환대'에서 가장 금기시되는 것은 낯선 이를 길에서 자게 하는 것입니다. 거절하는 입장에서는 '그냥 밖에서 자겠습니다'라고 말하더라도 대접하는 입장에서는 결코 허용할 수 없는 일입니다. 사사기 19장의 노인이 손님을 맞이할 때 "그대는 안심하라. 그대의 쓸 것은 모두 내가 담당할 것이니 **거리에서는 유숙하지 말라**"(삿 19:20)고 말한 것도 같은 이유였습니다. 결국 두 천사는 롯의 집으로 들어오고, 롯은 무교병을 구워 그들을 대접합니다. 음식의 양이나 재료가 아브라함만큼 풍성하지는 않지만 늦은 밤에 내놓을 수 있는 것으로는 최상으로 여겨집니다.

하지만 환대의 분위기는 이내 전복됩니다.

> "그들이 눕기 전에 그 성 사람 곧 소돔 백성들이 **노소를 막론하고 원근에서 다 모여** 그 집을 에워싸고 롯을 부르고 그에게 이르되 오늘 밤에 네게 온 사람들이 어디 있느냐. 이끌어 내라. 우리가 그들을 상관하리라"(창 19:4-5).

앞서 설명한 대로 '상관하다'로 번역된 히브리어 동사 '야다'(ידע)는 '알다' 혹은 문맥에 따라 '성적으로 알다'를 뜻하지만 이 구절에서는 그 초점이 성적 욕망이 아니라 타자에 대한 폭력과 적대적 태도에 있습니다. 아브라함과 롯이 보여준 태도가 '환대'였다면, 소돔 사람들의 태도는 '타자에 대한 폭력'입니다. "노소를 막론하고", "원근에서" 모였다는 표현은 이 일이 개인의 일탈이 아니라 소돔 사회 전체의 구조적 타락임을 보여줍니다. 낯선 이를 향한 이 거대한 집단적 폭력은 소돔이라는 도시 공동체의 실상을 여실히 드러냅니다.

롯은 이 순간 자신의 손님들을 지키기 위해 문 밖으로 나갑니다. "롯이 문 밖의 무리에게로 **나가서 뒤로 문을 닫고**"(창 19:6)라는 말이 상징하는 바를 읽어 내는 것이 본문 이해의 핵심입니다. 롯은 폭력적인 무리 앞에서 손님들을 집 안에 둔 채 홀로 나갑니다. '문을 닫는다'는 것은 안전한 경계를 설정하는 일이며, 손님을 자신의 보호 아래 두겠다는 선언입니다.

이어서 롯은 이렇게 말합니다.

> "청하노니 내 형제들아, 이런 악을 행하지 말라. 내게 남자를
> 가까이하지 아니한 두 딸이 있노라. 청하건대 내가 그들을
> 너희에게로 이끌어 내리니 너희 눈에 좋을 대로 그들에게
> 행하고 이 사람들은 내 집에 들어왔은즉 이 사람들에게는 아무
> 일도 저지르지 말라"(창 19:7-8).

지금 롯이 하는 말은 매우 불편하고 당혹스럽습니다. 두 딸을 군중에게 내어 준다니 도덕적으로 용납되기 어려운 충격적 발언입니다. 그러나 이 본문은 시대의 맥락 속에서 읽어야 합니다. '내 집에 들어왔다'는 이유 하나로 손님을 위해 자신의 가족까지 희생하겠다는 태도는 환대의 극단적인 표현입니다. 딸을 소유물로 보는 가부장적 가치관이 바탕에 있지만, 내부적 세계관으로 보자면 자신이 가진 최고의 것을 희생하면서까지 손님을 대접하려는 태도는 더할 나위 없는 환대로 받아들여졌을 것입니다. 물론 이런 가치관

태초에 질문이 있었다

이 우리 시대에 그대로 적용될 수는 없습니다.

군중은 오히려 롯을 몰아세웁니다.

"이 자가 들어와서 **거류하면서** 우리의 법관이 되려 하는도다.
이제 우리가 **그들보다 너를 더 해하리라**"(창 19:9).

"거류"라고 번역된 히브리어 '구르'(גור)는 '이방인/난민으로 살다'라는 뜻입니다.[9] 소돔 사람들의 눈에 롯은 정착민이 아니라 외지에서 온 이방인이자 난민입니다. 난민 주제에 옳고 그름을 판단하고 자신들을 가르치려 든다는 것입니다. 이 구절에 '환대의 실패'가 가장 심각하게 드러납니다. 낯선 이를 향한 적대는 자신보다 약한 자를 향한 폭력으로 쉽게 이어집니다. 그리고 그 폭력은 결국 자신들의 도시가 파괴되는 원인이 됩니다.

이 서사는 사사기 19장에서 반복됩니다. 사사기에 등장하는 나그네는 천사도 아니고 하나님의 사람도 아닌, 그저 한 사람일 뿐입니다. 그에게 베푼 노인의 환대와 베냐민 지파의 환대 실패는 창세기 19장의 롯과 소돔 사람들 이야기와 평행을 이룹니다. 두 본문이 일관되게 보여주는 메시지는 분명합니다. 죄는 관계의 파괴이며, 멸망은 그 파괴에서 비롯됩니다. 그리고 성경은 낯선 이를 어떻게 대하느냐의 문제에서 그 파괴의 기원을 찾습니다.

이러한 비교를 통해 명확해지는 사실이 하나 있습니다. 창세기 18장과 19장에서 아브라함과 롯이 낯선 이를 환대한 일, 그리고 사사기 19장에서 노인이 거리의 나그네를 집에 들인 일은 모두 '신적 존재를 알아봤기 때문에' 혹은 '예언자적 통찰력이 있어서'가 아니라는 점입니다. 이들은 그저 낯선 이를 보고 맞이했습니다. 성경은 이들의 동기를 캐묻지 않습니다. 누군가에게 선의를 베푼다면 대상이 누구인지, 어떤 존재인지 알기 때문이 아니라 나에게 왔다는 사실 하나만으로 충분하다는 것이 성경의 윤리입니다.

실제로 "여호와께서 나타나셨다"(창 18:1)는 서술적 설명과 달리 아브라함은 "사람 셋이 맞은편에 서 있는" 것만을 인식합니다. "내 주여"라는 표현도 흔히 하나님을 부를 때 사용하는 단어로 오해하기 쉽지만, 히브리어에서는 존대 화법, 곧 상대방을 높이고 자신을 낮추는 표현입니다. 모압 여인 룻이 보아스에게, 야곱이 에서에게, 청년 다윗이 왕의 아들 요나단에게 썼던 표현과 동일합니다.

롯의 경우도 마찬가지입니다. 그는 두 사람을 아브라함과 거의 같은 방식으로 환대합니다. 롯이 그들을 천사로 인식했다는 단서도 없습니다. 다시 말해, 아브라함과 롯 모두 낯선 이의 정체를 몰랐고, 그들이 하나님의 사자냐 아니냐와 상관없이 대접했던 것입니다.

이것이 환대의 본질입니다. 조건 없는 수용, 상대의 신분이나 정체를 문제 삼지 않고, 단지 '당신이 내게 왔다'("당신들이 종에게 오셨음이니이다")를 기준으로 삼는 것이 환대입니다. 이는 낯선 이에 대한 신적 윤리의 핵심이자, 창세기 19장의 메시지를 수평적으로 읽을 때 가장 중요한 열쇠입니다. 이 신적 윤리는 예수님에게서 더 확장되어 사마리아인의 비유로 표현됩니다. 어디까지 내 '이웃'으로 규정될 수 있느냐는 '나 중심' 시선을 넘어서 '가서 강도 만난 자의 이웃이 되어 주라'는 요청으로 환대는 심화됩니다.

"믿음의 조상들"로 불리는 이유

창세기 18장의 아브라함은 낮의 열기를 무릅쓰고 달려 나가 낯선 이를 맞이하고, 창세기 19장의 롯은 밤의 위험을 무릅쓰고 이방인을 지켜 내며, 사사기 19장의 노인은 아무 연고 없는 나그네를 위해 자기 집을 개방합니다. 반면 소돔 사람들(그리고 베냐민 지파)은 외부인을 배척하고 이들에게 폭력을 행사하려 합니다. 이것이야말로 하나님이 진노하신 진정한 이유입니다. 그리고 예언자 에스겔과 이사야와 예레미야가 비판한 '소돔의 죄'가 바로 이것이기도 합니다. 환대를 거부한 사회, 타인을 향해 문을 닫고 폭력을 정당화한 공동체는 스스로 붕괴할 수밖에 없다는 고발입니다.

이 주제는 창세기 20장과도 자연스럽게 이어집니다. 아브라함은 아비멜렉의 땅 그랄 지역으로 들어갑니다. 그리고 아내 사라를 누이라고 속입니다. 오늘날 윤리로 보자면 분명 문제 있는 행동입니다. 그래서 이 장면은 아브라함의 인격적 결함이나 믿음의 실패를 보여주는 구절로 해석되곤 합니다. 만약 성경이 아브라함의 부족함을 보여주려는 목적으로 20장 사건을 기술했다면, 하나님께서

나타나 '사내놈이 얼마나 못났으면 자기 살겠다고 아내를 파느냐'
며 아브라함을 꾸짖으셨어야 마땅합니다. 그러나 하나님은 아브라
함을 비난하지 않으십니다. 오히려 아비멜렉에게 나타나 엄히 경
고하십니다("네가 데려간 이 여인으로 말미암아 네가 죽으리니 그는 남
편이 있는 여자임이라", 창 20:3). 본문의 초점이 아브라함의 문제를
지적하는 데 있지 않음을 알 수 있습니다.

18-19장과 연속선상에서 보자면 창세기 20장은, 이스라엘의
하나님을 믿지 않는 가나안 사회에서 낯선 이가 얼마나 쉽게 위협
받을 수 있는지를 보여주는 극적 예시입니다. 낯선 이에게 자비가
아니라 폭력이 먼저 작동되는 구조, 외부인을 죽이고 그의 소유물
(그의 가족을 포함하여)을 빼앗아도 아무런 법적, 도덕적 제재를 받
지 않는 사회, 그것이 하나님의 법과 다스림이 없는 가나안 땅의
모습입니다. 제가 아는 한, 히브리어를 포함하여 고대 근동의 어떤
언어에도 '환대'에 해당하는 단어는 없습니다. 이방인, 외부인, 난
민을 잘 대해 주어야 할 어떤 당위도 존재하지 않습니다.

"본토 친척 아비 집"을 떠나는 것은 자신의 목숨을 내놓는 행
위입니다. 가는 길에 어떠한 봉변을 당할지 알 수 없으며, 도착지
에서 어떤 폭력이 기다리고 있을지 모릅니다. 위험에 처했을 때 어
디 하나 신고할 곳도 없습니다. 와서 도와줄 의무를 가진 사람도
없습니다. 핸드폰과 CCTV, 경찰서와 법원이 없는 곳, 저 멀리 다
가오는 사람이 나를 죽이고 내 소유를 빼앗을지 모른다는 공포 속
에 매 순간을 살아가는 삶이 아브라함이 처했던 현실이었습니다.

이것은 이삭과 야곱과 요셉이 처한 현실이기도 합니다. 파 놓은 우물을 쉽게 빼앗기는 곳이고, 지역의 토착 문화를 몰라 20년간 부당한 노동 착취를 당해도 하소연할 데가 없는 곳이며, 거짓 모함을 받아 감옥에 갇혀도 누구 하나 구해 주지 않는 곳입니다.

아브라함과 롯의 환대가 바로 이러한 삶의 환경에 놓여 있었다는 사실을 간과하면 안 됩니다. 생존이 위협받는 현실에서 자신이 가진 최고의 것을 내어 주면서까지 지나가는 낯선 이를 대접하는 일은 고대 그리스의 '명예와 수치' 문화와 아무 상관이 없습니다. 공동체 내 개인의 사회적 평판이나 인격 수준의 문제도 아닙니다. 타인의 인정을 받지 못해 공동체에서 배제되거나 도태되거나 조롱당하리라 걱정해서도 아닙니다.

가나안 땅에서의 '환대'란 자신의 생명을 극도의 위험에 빠뜨리는 행위입니다. 낯선 이를 받아들이는 행위는 자신의 목숨을 걸고 폭력의 문화를 거부하는 것입니다. 믿음의 조상들은 그렇게 해야 할 의무가 없었습니다. 하나님은 이들에게 그렇게 하라고 명령을 내리신 적이 없습니다. 그럼에도 그들은 기꺼이 위험을 감수합니다. 그들이 "믿음의 조상"이라 불리는 이유입니다. 믿음은 율법 규정의 절대적 복종이나 흔들리지 않는 내면의 확신 따위가 아닙니다. 삶의 도상에서 낯선 자와 마주쳤을 때 어떤 선택을 내리느냐가 믿음의 사람이냐 아니냐를 결정하는 기준입니다.

고대 그리스 사회는 '명예'(honor)와 '수치'(shame)를 사회적 가치의 중심에 두었던 문화다. 개인의 도덕성과 평판은 내면의 양심보다 공동체의 시선으로 평가받았고, 자신이 얼마나 명예로운가는 타인의 인정과 칭찬에서 확인되었다.

'명예'란 단지 개인의 자존심이 아니라 사회적 지위와 존경, 남들의 인정을 받는 덕의 총합이었다. '수치'는 양심의 문제라기보다 사람들이 나를 어떻게 보는가에 따라 일어나는 감정이었다. '부끄러운 행동'을 했다는 것은 공동체의 기준에서 명예를 잃었다는 뜻이고, 그에 대한 책임은 개인적 반성보다 공개적인 수치심과 치욕으로 표현되었다.

이런 문화에서는 '나'보다 '우리'가 우선되며, 윤리적 판단 기준도 '옳음'보다는 '사람들에게 어떻게 보이는가'에 기울기 쉽다. 따라서 용기, 절제, 충성 같은 덕목도 개개인의 내면적 가치로 추구되지 않고 공동체 안에서 명예를 얻으려는 경쟁으로 실현되었다. 오늘날의 개인주의적 가치관과 다른 고대 그리스의 '명예-수치 문화'는 신약성경을 비롯하여 고대 문헌의 인물 이해와 행동 동기를 파악할 때 매우 중요한 배경 지식이 된다.

그러나 고대 가나안에서의 '환대'(hospitality)란 타인의 인정을 받고 공동체 안에서 우월한 지위를 획득하는 수단이 아니다. 낯선 이에게 무차별 폭력을 가하던 환경에서 일면식도 없는 이의 생명을 살리려는 것이 환대였다. 환대의 문화가 신적 명령으로 주어지지 않는다면 그야말로 세상은 약육강식 세계가 된다. 성경은 낯선 이에 대한 '하나님의 사람들'의 태도와 '하나님을 신뢰하지 않는 사람들'의 태도를 명확히 구분한다. 타인에게 열린 수평적 태도는 하나님을 향한 수직적 믿음의 표현이다.

6장

거룩이란 무엇인가

수평적 읽기의 확장

1. 레위기 19장은 '거룩'을 어떻게 정의하고 있는가?

2. 바빌론 포로라는 민족적 위기의 원인은 무엇인가?

지금까지 창세기 본문을 중심으로 하나님과 인간, 인간과 인간, 인간과 창조세계의 관계를 수평적 시선에서 재조명해 왔습니다. 이제 시야를 넓혀 창세기를 넘어가고자 합니다. 토라(모세오경)를 넘어서 '느비임'(Nevi'im)과 '케투빔'(Ketuvim)까지, 히브리 성경 전체 구조를 따라 수평적 읽기의 흐름을 확장시키려 합니다. 일종의 연습이자 적용이라 할 수 있겠습니다.

모세오경-역사서-시가서-예언서라는 4분할로 구성된 기독교의 구약 성경(Old Testament)과 달리 유대인의 경전인 히브리 성경(Hebrew Bible)은 '토라'(율법서), '느비임'(예언서), '케투빔'(성문서) 세 부분으로 구성됩니다. '느비임'에는 여호수아에서 시작하여 사무엘서, 열왕기, 이사야, 예레미야, 에스겔 그리고 열두 소예언서가 포함됩니다. '케투빔'은 욥기, 시편, 잠언, 룻기, 아가, 전도서, 에스더, 다니엘, 에스라-느헤미야, 역대기를 포괄하는 문서 모음입니다. 성경은 장르와 양식을 넘어 시대적, 신학적 다양성을 품은 집합물이라 할 수 있습니다.

이제 창세기 이후 '토라'와 '느비임', '케투빔'의 텍스트들 그리고 그 너머 신약에 이르기까지 수평적 읽기 관점을 따라 성경 전체를 관통하여 말씀하시는 하나님의 음성을 따라가고자 합니다. 수직적 관점에 익숙한 눈과 귀에는 잘 보이지 않고 들리지 않았던 음성 말입니다. 성경을 수평적으로 읽으려는 시도는 익숙한 틀 안에서 안정감을 느끼던 관성적 신앙에서 벗어나, 낯설게 말씀하시는 그분의 음성을 듣는 영성 훈련이기도 합니다.

여기서는 그 여정의 마지막 순서로 '거룩이란 무엇인가'를 주제로 삼아, 광야가 배경인 토라(출애굽기-레위기-민수기-신명기)와 바빌론 포로기 전후 그리고 제2성전기 성문서(케투빔)를 수평적 시각으로 재구성해 보려 합니다. '거룩'을 키워드로 삼은 것은 이 단어가 가장 '수직적'으로 이해되어 온 개념 가운데 하나이기 때문입니다. 그러나 하나님 앞에 특별히 구별된 자들은 이러해야 한다는 성경의 요청은 개인적, 내면적 구별됨을 훌쩍 넘어섭니다. 고난과 방황, 어긋남과 돌아옴이라는 오랜 이스라엘 역사에서 '거룩'은 개인의 정결이라는 틀을 넘어서 신앙 공동체 내외의 사람들 및 창조 세계와 관계 맺음을 규정하는 핵심 개념으로 작동해 왔습니다.

제2성전기와 성문서(케투빔)

'제2성전기'(Second Temple Period)는 유다 백성이 바빌론 포로기 이후 예루살렘으로 돌아와 성전을 재건한 기원전 515년경부터 그 성전이 로마의 손에 파괴된 기원후 70년까지, 약 600년 가까이 이어진 유대교 역사의 한 시기다.

이 시기는 이스라엘 역사에서 가장 복잡하고도 역동적인 시대였다. 페르시아, 헬라, 로마에 이르는 다양한 제국의 지배 아래에서 유대 공동체는 신앙과 정체성을 지켜내기 위해 치열하게 내적으로 논쟁하고 외부에 맞서 저항한다. 율법, 정결, 구원, 메시아, 천사, 지혜, 종말에 대한 사유가 이 시기에 비약적으로 발전했다.

성문서(케투빔)는 이 시기의 초기에 해당하는 공동체 재건기 문헌으로 여겨진다. 무너진 공동체의 신앙과 정체성을 새롭게 세우는 '말씀의 재건기'이기도 하다. 바빌론 포로에서 돌아온 유다 공동체는 하나님과의 관계, 인간의 고통,

태초에 질문이 있었다

역사 속 정의, 공동체의 지혜에 대해 새롭게 묻고 답해야 했다. 그 질문과 대답이 바로 성문서(케투빔)다. '토라'(모세5경)와 '느비임'(역사서+예언서)에 이어 성경의 세 번째 부분을 이루는 이 문헌들은 바로 제2성전기의 고민 속에서 자라났고 정리되었다. 시편, 잠언, 욥기, 전도서, 아가, 에스라-느헤미야, 역대기, 다니엘, 룻기, 에스더 등으로 구성된 이 성문서는 신앙 공동체의 정체성을 신학적으로, 지혜적으로, 예배적으로 재정립하고자 한 애씀의 산물이다.

시편은 가시적인 성전이 보이지 않는 상황에서 하나님을 찬양할 수 있는 언어를 제공한 책이었고, 잠언과 욥기, 전도서는 고난과 불확실한 현실에서 중심을 잡고 지혜롭게 살아가려는 노력이었다. 에스라-느헤미야와 역대기는 포로기 이후 유다 공동체의 역사와 예배의 회복을 그렸다. 아가와 룻기, 에스더는 일상의 사랑과 충절, 해방의 이야기로서, 다시 건설되는 공동체에 요청되는 새로운 가치관을 설파한다.

'케투빔'은 예언이 멈춘 시대에 일상어로 믿음을 지키고 공동체를 일으키는 길을 제시한 셈이다. 그것은 더 이상 한 사람의 음성이나 신탁에 의존하지 않고, 모두가 함께 '말씀을 다시 읽고, 다시 노래하고, 다시 살아 내는' 신앙의 시대를 여는 작업이었다. 즉 제2성전기의 성문서는 공동체가 무너진 성전 안이 아니라 무너진 마음 안에서 하나님을 찾으며 세운 영적 터전이었다.

독자 여러분에게 묻습니다. 거룩이란 하나님께 가까이 나아가기 위해 내면을 정결하게 만드는 것만을 뜻할까요? 종교적 명령과 금기를 통해 타인과 나를 분리하는 규범일까요? 아니면 이웃과의 관계에서 나타나는 새로운 실천의 방식, 곧 하나님께 속한 자로서 창조세계를 살아가는 삶의 기준일까요? 이 질문은 단지 신학적 개념을 재정의하려는 시도만이 아닙니다. 지금까지 우리가 함께 읽어 온 창세기의 이야기들, 즉 '죄'에 대한 수평적 정의, 낯선 이를 향한 환대, 불의한 폭력의 거부, 타자의 생명을 향한 감수성이 모두 '거룩'이라는 이름 아래 수렴될 수 있는지 탐색하려는 시도입니다. 수평적 읽기의 관점에서 거룩이란 무엇을 의미하는가, 그것을 오늘 우리의 삶에서 어떻게 살아 낼 수 있는가 하는 근본적 질문을 가지고 이 이야기를 시작하고자 합니다.

1. 레위기의 거룩 개념

히브리어로 '거룩'은 명사형 '코데쉬'(קֹדֶשׁ)와 형용사형 '카도쉬'(קָדוֹשׁ)로 표현됩니다. 이 단어는 'holy'로 흔히 번역되지만 '다르다'(different) 또는 '분리되다'(separate)라는 어원을 가집니다. 그래서 성스럽고 신비한 것으로만 이해하기보다 '일반적인 것과는 다른 것', '구별된 것', '특별한 것'의 의미로 거룩을 읽는 것이 이 단어가 쓰이는 본문을 더 정확히 이해하는 길입니다. 저는 '카도쉬'가 나오면 'special'의 의미를 즐겨 적용해 보곤 합니다. 대표적인 예가 레위기 19:2입니다.

"너희는 거룩하라. 이는 나 여호와 너희 하나님이 거룩함이니라."

"너희는 거룩하라"는 명령은 단순히 도덕적 순결이나 신비로운 경건이 아니라 하나님께서 '다르신 분'이기에 그 백성 또한 '다

태초에 질문이 있었다

른 방식으로' 살아야 한다는 요청입니다.

그렇다면 이 다름은 무엇을 뜻할까요? 성(聖)과 속(俗)을 나누는 이분법으로 거룩을 이해하면 다음 구절들을 제대로 파악할 수 없게 됩니다. 창세기 2:3을 보십시오. "하나님이 일곱째 날을 복 주사 **거룩하게** 하셨으니." 일곱째 날이 성스러운 날이라면 나머지 여섯 날은 '속된 날'일까요? 하나님께서 천지와 만물을 창조하신 행위가 '속된' 행위일까요? 그렇지 않습니다.

이 말씀은 일곱째 날이 여섯 날과 '다르다'는 것입니다. 여섯 날 동안은 일하셨지만 일곱째 날은 쉬셨습니다. 바로 이 점에서 일곱째 날은 다른 날들과 다르다는 것입니다. 출애굽기 12:16도 유월절 무교절과 관련해 "첫날에도 **성회**(거룩한 모임 혹은 절기)요 제 칠일에도 **성**회가 되리니 이 두 날에는 아무 일도 하지 말고"라고 말합니다. 이것 역시 첫날과 이렛날이 아무 일도 하지 않는다는 점에서 특별한 날이라는 뜻입니다. 나머지 날을 속되다고 규정하는 내용이 아닙니다.

출애굽기 28장에서는 제사장의 복장을 거룩한 옷이라 부르며 다음과 같이 말합니다.

"아론을 위하여 거룩한 옷을 지어 영화롭고 아름답게 할지니……
그를 거룩하게 하여 내게 제사장 직분을 행하게 하라"
(출 28:1-3).

여기서 거룩한 옷은 화려한 의전용 옷이 아닙니다. 다른 사람이 입는 옷과 '구별된 옷'입니다. 즉 이 사람이 어떤 직분을 수행하는 자인지 드러내는 '다른 옷'입니다. 옷만 보아도 제사장임을 알 수 있는 특별한 옷이라는 뜻입니다. 이러한 구별, 곧 '다름'이 거룩의 핵심이라는 것을 보여주는 구절입니다.

이와 같이 거룩은 다른 것과 구별된 특별함이며, 이 구별은 사람과 시간, 공간, 의복, 행동 전반에 걸쳐 나타납니다. 레위기에서 거룩은 단지 종교적 경건이 아니라, 이스라엘 백성이 세상과 구별된 방식으로 살아가기 위한 구체적인 삶의 지침입니다. 거룩은 '다르게 사는 것', 곧 하나님께 속한 이들의 존재 방식입니다.

수직적 거룩과 수평적 거룩

거룩이라는 개념에는 분명히 두 가지 측면이 함께 담겨 있습니다. 하나는 하나님과 개인의 관계를 가리키는 수직적 차원이고, 다른 하나는 이웃과 맺는 관계에서 드러나는 수평적 차원입니다. 흔히 거룩이 이야기될 때는 수직적 관점에 치우치기 쉽습니다. 예배 시간에는 몸가짐을 단정히 해야 하고, 주일에는 하얀 옷이나 깨끗한 옷을 입어야 하고, 헌금은 미리 봉투에 정성껏 준비해야 합니다. 이런 것이 거룩한 태도라고 여겨집니다. 물론 이런 것도 의미가 있지만 성경이 말하는 거룩은 하나님 앞에서의 자세나 태도에 국한되지 않습니다. 훨씬 강하게 강조되는 것은 이웃과 맺는 관계, 곧 수평적 차원입니다.

"너희는 거룩하라. 이는 나 여호와 너희 하나님이 거룩함이니라"(레 19:2). 레위기 19장을 여는 이 선언 다음에 이어지는 내용을 보십시오. 본문은 곧바로 이렇게 말합니다.

"너희 각 사람은 부모를 경외하고 나의 안식일을 지키라.
　나는 너희의 하나님 여호와이니라"(레 19:3).

여기서 첫 번째로 등장하는 거룩한 삶의 표현은 '부모를 경외하라'는 명령입니다. 흔히 생각하는 거룩의 개념과 다소 거리가 있는 듯 보입니다. 그러나 성경은 바로 이 명령을 거룩함의 첫 번째 징표로 제시합니다. 하나님을 믿는 백성은 부모를 향해 다른 태도를 가져야 한다고 말하는 것입니다. 다른 신을 섬기는 민족이 부모를 어떻게 대하든, 하나님을 믿는 백성은 자기 부모를 경외함으로써 '다른 존재'로 살아야 한다는 것입니다. 만약 지금까지 독자 여러분이 알던 거룩의 개념이 부모 공경과 아무 관련이 없었다면 성경을 처음부터 다시 읽어 보기를 권합니다. 근본적으로 잘못된 시각으로 성경을 읽어 온 것일지도 모릅니다.

다음으로 안식일을 지키라는 명령이 나옵니다. 이것은 수직과 수평이 교차하는 지점입니다. 하나님이 창조를 마치고 쉬신 날을 기념하는 안식일은 하나님과의 관계를 회복하는 수직적 실천이자, 이웃과 자녀, 외국인 노동자("나그네")와 짐승에게까지 쉼을 허락하는 수평적 명령이기도 합니다. '안식일'은 단지 하나님과 자신의 문제가 아니라 함께 살아가는 이들과 맺는 관계에서 구체적으로 드러나는 실천입니다.

이어지는 구절은 이렇게 말합니다.

"너희는 헛된 것들에게로 향하지 말며 너희를 위하여 신상들을 부어 만들지 말라. 나는 너희의 하나님 여호와이니라"(레 19:4).
"너희는 화목제물을 여호와께 드릴 때에 기쁘게 받으시도록 드리고 그 제물은 드리는 날과 이튿날에 먹고 셋째 날까지 남았거든 불사르라……그것을 먹는 자는 여호와의 성물을 더럽힘으로 말미암아 죄를 담당하리니 그가 그의 백성 중에서 끊어지리라"(레 19:5-8).

이것은 명백히 수직적 차원의 계명입니다. 우상을 따르지 말고, 오직 여호와 하나님만을 섬기라는 이 명령은 이스라엘 신앙의 핵심이기도 합니다. 화목제 규례는 예배와 관련되며, 하나님께 드리는 제물의 규범을 명확히 하는 수직적 명령이라 할 수 있습니다. 하나님의 백성이 지켜야 할 특별한 규정들을 지키지 않으면 그분의 백성이 될 수 없다는 점은 자명합니다. 레위기에는 많은 규정이 있지만 '왜 지켜야 하는가'를 대부분 설명하지 않습니다. 왜 복잡한 제사법을 따라야 하는지, 왜 어떤 음식은 허용되고 어떤 음식은 금지되는지에 대해 자세한 이유를 나열하지 않습니다. 다만 그 특별한 규정을 지키는 것이 하나님의 특별한 백성이 되는 징표라고 강조할 뿐입니다.

그러나 9절로 넘어가면서 분위기는 완전히 달라집니다.

"너희가 너희의 땅에서 곡식을 거둘 때에 너는 밭모퉁이까지 다 거두지 말고 네 떨어진 이삭도 줍지 말며"(레 19:9).

이 구절은 수평적 실천의 핵심을 보여줍니다. 타자를 위한 몫을 남겨 두는 것, 노동의 결과를 타자와 함께 나누는 삶의 방식—이것이 성경이 말하는 거룩의 다른 한 축입니다—이 수평적 거룩이라 할 수 있습니다. 이어지는 "네 포도원의 열매를 다 따지 말며 떨어진 열매도 줍지 말고 가난한 사람과 거류민을 위하여 버려두라"(레 19:10)는 말씀은 거룩의 수평적 의미를 재확인하는 구체적 예입니다. "거류민"은 오늘날 표현으로 '난민'이 적절합니다. 자신의 본토를 떠날 수밖에 없어서 남의 땅에 빌붙어 사는 사람들입니다. 하나님은 남김없이 거두고 소유하라 하지 않으십니다. 오히려 일부러 남겨서, 생산수단을 소유하지 못한 이들에게 값없이 내어 주라고 명령하십니다. 그것이 바로 하나님의 거룩한 백성이 되는 길이라는 것입니다.

그리고 이어지는 구절들은 도둑질하지 말라, 속이지 말라, 거짓말하지 말라, 이웃을 억압하지 말라, 품꾼의 삯을 미루지 말라, 귀먹은 자를 저주하지 말고 맹인 앞에 장애물을 놓지 말라 등 모두 거룩에 대한 규정입니다. 혹자는 '인본주의적 윤리와 도덕'이라고 치부할지도 모르겠습니다. 그러나 성경은 그렇게 말하지 않습니다. 하나님은 이 모든 조항을 "나는 여호와이니라"는 선언과 함께 '거룩 규정'으로서 명령하십니다. 이것은 이웃을 대하는 우리의 태도 가 곧 하나님을 향한 태도이며, 거룩의 양태이자 실천이라는 사실 을 분명히 보여줍니다.

공정한 재판, 편견 없는 판결, 비방과 중상모략 금지, 형제를 미워하지 않고 견책하며 회복을 도모하는 태도, 원수를 갚지 않는 것(레 19:15-18) 모두 거룩의 실천으로 제시됩니다. 흔히 '윤리'라 는 이름으로 불리지만, 성경은 분명히 "나는 여호와이니라"는 신앙 고백 위에 이 명령들을 놓고 있습니다. 이것이야말로 수평성과 수 직성이 분리될 수 없음을 보여주는 증거입니다. 그리고 이 거룩의 막바지에 그 유명한 "네 이웃 사랑하기를 네 자신과 같이 사랑하 라"는 명령이 주어집니다. '이웃 사랑'이 거룩의 핵심 개념이라는 것을 지금까지 모르고 신앙생활을 하셨다면 처음부터 자신의 신앙 관을 점검해 보시기를 권합니다.

성경은 결코 수직적 관계만을 강조하지 않습니다. 오히려 거 룩이라는 하나님의 본질을 이웃과의 관계에서 가장 현실적으로 실 천하라고 우리를 부르십니다. 거룩은 하나님 임재 앞에 선 경건일 뿐 아니라 가난한 자를 위한 배려, 약자를 향한 정의, 공동체를 위 한 책임 같은 구체적 실천으로 드러나야 합니다.

성경은 거룩의 수직성과 수평성이 둘이 아니라 하나라고 가르 칩니다. 하나님과의 관계는 이웃과의 관계로 확장되고, 이웃과의

            태초에 질문이 있었다

관계는 다시 하나님을 향한 신앙의 깊이로 연결됩니다. 십계명에서도 마찬가지입니다. 하나님에 대한 계명(1-4계명)과 이웃에 대한 계명(5-10계명)은 둘로 나뉘어 있으나 결코 분리되지 않습니다. 예수님이 말씀하신 것처럼, 율법(토라)의 핵심은 '하나님을 사랑하고, 이웃을 내 몸같이 사랑하는 것'입니다. 수직성과 수평성은 대립항이 아니라 서로 긴밀히 연결되어 있습니다. 이웃과의 관계가 산산조각 난 상태에서 하나님과의 관계가 온전할 리 없습니다. 하나님과의 관계가 멀어졌는데 이웃과의 관계가 가까울 리 없는 것과 마찬가지입니다.

이처럼 레위기 19장은 수직성과 수평성, 하나님과의 관계와 이웃과의 관계, 경건과 정의의 실천을 절묘하게 교차시키며 '거룩'의 의미를 정의합니다. 그리고 성경은 묻습니다. 당신은 어떤 방식으로 다름을 살아 낼 것인가? 하나님 앞에서만이 아니라 이웃을 대하는 삶의 태도에서 어떻게 다름을 구현할 것인가? 이 물음은 거룩을 개인 경건이나 종교적 의무로 환원시켜 왔던 모든 전통적 해석을 뒤흔듭니다. 우리는 지금, '거룩하라'는 명령이 그저 수직적 경건의 요청이 아니라 타자와의 관계 속에서 어떤 태도로 살아가겠느냐고 묻는 관계적 명령임을 본문에서 확인하고 있습니다.

거룩을 수직성과 수평성, 두 개념으로 이해했다면 둘이 왜 분리되고 충돌하는지를 성경의 역사에서 살펴볼 필요가 있습니다. 그 갈림길은 어디일까요? '바빌론 포로'입니다. 바빌론 포로 사건은 구약 시대의 신앙과 신학에 가장 큰 충격을 안긴 사건입니다. 이 사건을 기점으로 이스라엘 신앙 공동체는 하나님은 어떤 분이시며 그분을 따르는 백성은 어떻게 달라야(거룩해야) 하는지 근본적 질문을 던지기 시작합니다.

이스라엘 백성이 가나안 땅에 정착한 후 하나님의 약속대로 평안히 살아갔다면 성경은 모세오경에서 끝났을지도 모릅니다. 그러나 바빌론 포로 사건은 그러한 이상을 철저히 깨뜨렸습니다. 이 사건은 하나님께서 아브라함과 이삭과 야곱에게 주신 약속이 산산이 부서진 듯 보이는 사건이었습니다. 누구도 먼저 요구하지 않았음에도 하나님께서 친히 땅을 주겠다고 하신 그 약속이 무너졌습니다. 나라가 사라지고 성전이 무너지는 절망 속에서 사람들은 묻기 시작합니다. 도대체 무엇이 잘못되었는가? 왜 이 지경에 이르렀는가?

이것은 단순한 역사적 사건이 아니라 신학적 재구성의 출발점이었습니다. 바빌론 포로는 앗시리아의 지배 방식과는 또 다른, 전면적이고도 폭력적인 바빌로니아의 정복 정책의 결과였습니다. 앗시리아는 정복한 민족의 자치권을 일정 부분 인정하면서 조공을 요구했지만, 바빌로니아는 철저한 파괴와 이주 정책을 사용했습니다. 땅을 황폐하게 만들고, 정복한 민족 전체를 포로로 끌고 가 2천 킬로미터 떨어진 타지에 흩어져 살게 했습니다.

이것은 단순히 이스라엘이라는 한 국가가 해체되는 비극만이 아니었습니다. 그것은 아브라함과 모세로부터 이어지던 신앙, 곧 '하나님이 우리와 함께하신다'는 확신 자체를 뿌리부터 뒤흔드는 사건이었습니다. 포로기 이후 예언서와 후기 문헌은 이 충격의 여파 속에서 기록됩니다. 도대체 무엇이 문제였는가? 하나님과의 언약은 왜 무너진 것처럼 보였는가? 이러한 질문 속에서 '느비임'(נביאים)이라 불리는 예언서(기독교 성경에서는 역사서와 예언서)들이 쓰이고 모세오경 이후의 신앙이 재구성되기 시작합니다. 진단이 다르면 해결책도 달라집니다. 예언서를 읽을 때 반드시 던져야 할 질문은 이것입니다. 도대체 무엇이 문제였기에 하나님과 이스라엘 사이의 계약이 무너졌는가? 누구의 책임이며, 무엇이 원인이었는가?

바빌론 포로 사건에 대한 두 갈래의 반응
— 하나님의 책임인가, 인간의 책임인가?

기원전 6세기, 유다 왕국은 바빌론 제국의 침공으로 무너졌다. 예루살렘은 불에 타고, 성전은 폐허가 되었다. 수많은 백성이 사로잡혀 이방 땅으로 끌려간 이 사건은 이스라엘 역사상 가장 큰 위기를 불러왔다. 신실하신 분이라고 믿었던 하나님이 왜 자기 백성을 철저하게 버리셨는지, 사람들은 절망 속에서 두

가지 근본적 질문을 던지기 시작한다.

첫 번째 질문: 하나님이 원인인가?

어떤 이들은 이 끔찍한 재앙의 책임을 하나님께 묻는다. 그 질문은 곧 하나님의 성품에 대한 질문으로 이어진다.

하나님은 약속을 어기시는 분인가?

하나님께서 아브라함과 이삭과 야곱에게 주신 언약, 다윗과 맺은 영원한 왕위의 약속은 이제 물거품이 된 것인가? 백성과 함께하신다고 하셨던 그 하나님은 어디로 가셨는가? 만약 하나님께서 스스로 하신 말씀을 바꾸셨다면 그분은 신뢰할 수 없는 분인가?

아니면 이것은 하나님의 더 큰 계획의 일부인가?

혹자는 "하나님의 뜻은 인간의 생각으로는 다 알 수 없다. 이 고통조차도 결국 더 큰 구원의 길로 인도하시는 하나님의 주권적 계획일 것이다"라고 말한다. 바빌론 포로는 단지 징벌이 아니라 더 깊은 정화와 회복을 위한 준비 단계일 수 있다는 해석이다. 이처럼 첫 번째 질문은 하나님을 향한 이해와 신뢰를 다시 세우려는 몸부림이다.

두 번째 질문: 이스라엘이 잘못한 것인가?

또 다른 이들은 스스로를 돌아보며 이렇게 묻는다. "혹시 이 모든 일이 우리의 죄 때문은 아니었는가?" 만약 하나님께서 이스라엘을 심판하신 것이라면 도대체 우리가 무슨 죄를 지었기에 이런 결과를 맞이하게 되었는가? 이 질문은 다시 두 갈래로 나뉜다.

첫째, 우리가 하나님을 떠났기 때문인가?(수직적 계명 위반)

예언자들의 입을 통해 반복적으로 들려오던 경고는 "너희는 여호와를 버리고 바알을 따랐다", "이방의 풍습을 쫓고, 우상을 세워 경배했다"이다. 즉 이 해석은 이스라엘이 하나님과의 관계, 곧 수직적 계명을 저버렸기 때문에 징계를 받았다고 본다.

둘째, 우리가 이웃을 해쳤기 때문인가?(수평적 계명 위반)

그러나 다른 예언자들은 이렇게 말한다. "너희는 가난한 자를 억압하고, 과부와 고아를 학대했다." "정의는 거리에서 쓰러지고, 공의는 성문에서 사라졌다." 이 해석은 이 재앙이 단지 종교적 배도의 문제가 아니라 사회 정의의 무너짐, 곧 수평적 인간관계의 파괴에 내리는 하나님의 심판이라고 말한다.

원인을 하나님에게서 찾는 것이 첫 번째 반응입니다. 하나님의 주권적 결단으로 언약 관계가 시작되었으니 계약 파기도 하나님의 주권적 결단일 수 있습니다. 토기가 마음에 안 들면 토기장이가 얼마든지 깨트려 버릴 수 있듯이, 창조주는 자신이 만든 피조물을 마음대로 처분할 권리가 있을 터입니다. 만약 하나님이 한번 하신 말씀을 쉽게 잊어버리거나 성품 자체가 변덕스러운 분이라면, 얼마든지 이스라엘 백성과 관계를 끊고 약속의 땅에서 몰아내실 수 있을 것입니다.

이 질문에 대한 성경의 응답은 '헤세드'(חֶסֶד)와 '에메트'(אֱמֶת)라는 두 단어에 담겨 있습니다. 흔히 '인자'와 '진리'로 번역되는 이 표현은 단순한 성품 묘사가 아니라 하나님의 언약적 신실함을 가리킵니다. 하나님은 자신이 맺으신 언약을 파기하지 않으시는 분, 변하지 않으시는 분이라는 신앙고백이 바로 '헤세드'와 '에메트'입니다. 시편을 비롯한 '케투빔'(성문서)에 반복적으로 등장하는 표현인 "그(의) 인자하심(헤세드)이 영원함이로다"는, 하나님은 자신의 백성과 맺으신 언약을 결코 바꾸지 않으시는 분이라는 신앙고백입니다. 하나님이 신실하신(faithful) 분이라는 믿음은 바빌론 포로로 대표되는 고난의 원인이 하나님의 성품에 있지 않다는 신학적 결론이기도 합니다.

고난의 원인이 하나님께 있는 것은 맞지만 그것은 그분의 변심("후회", "한탄") 때문이 아니라, 이스라엘을 통해 모든 이방인과 창조세계 전체를 살리시려는 하나님의 구원사적 계획이라고 보는 관점이 성경에 등장합니다. 이스라엘의 고난은 죄와 불순종의 결과가 아니라 모든 민족을 위한 하나님의 섭리 안에서 허락된 '의로운 자의 고난'(innocent suffering)이라는 것입니다. 신약에서 더욱 강조되는 이 관점은 고난을 통해 드러나는 하나님의 의도를 조명합니다.

만약 이 해답이 성경의 유일한 정답이라면, 이스라엘은 아무 잘못이 없으며 모든 일은 하나님의 계획 안에서 정당한 것이 됩니다. 그렇다면 하나님과 이스라엘의 관계가 무너진 현실 앞에서 이스라엘은 과연 아무 책임이 없었을까요? 예언자들은 이 질문을 회피하지 않고 정면으로 응시합니다. 문제는 예언서마다 각기 다른 진단과 해법을 내놓았다는 데 있습니다. 이스라엘의 무엇이 문제였느냐는 질문을 어떻게 바라보느냐에 따라 하나님의 구별된 백성으로서 요청되는 특질, 곧 '거룩'의 의미도 달라집니다.

이사야

이사야는 이 질문에 구체적인 답을 제시합니다. 이사야 1장은 이스라엘의 죄를 다음과 같이 고발합니다. "네 고관들은 패역하여 도둑과 짝하며 다 뇌물을 사랑하며 예물을 구하며 고아를 위하여 신원하지 아니하며 과부의 송사를 수리하지 아니하는도다"(1:23). 여기서 드러나는 죄의 본질은 명백히 수평적 차원입니다. 불의한 권력, 사회적 약자에 대한 무관심, 정의의 왜곡이 이스라엘의 심판을 불러온다는 것입니다.

반면 하나님은 이스라엘이 드리는 (수직적) 예배를 거절하십니다. "너희의 무수한 제물이 내게 무엇이 유익하뇨……나는 기뻐하지 아니하노라……헛된 제물을 다시 가져오지 말라……내가 견디지 못하겠노라"(1:11-14). 하나님은 단지 제사의 형식이 잘못되었다고 말씀하지 않으십니다. 예배의 외형은 충분하지만 그 안에 정의가 없고 자비가 없기에 그것을 역겨워한다고 말씀하십니다.

하나님은 이렇게 명령하십니다. "너희는 스스로 씻으며 스스로 깨끗하게 하여……선행을 배우며 정의를 구하며 학대받는 자를 도와주며 고아를 위하여 신원하며 과부를 위하여 변호하라"(1:16-17). 여기서 "선행"과 "정의"는 단지 도덕적 권고가 아니라 하나님과의 관계를 회복하는 유일한 길로 제시됩니다. 수평적 관계의 온전함은 하나님의 구별된 백성에게 요청되는 특질입니다.

이사야는 거룩의 본질을 수평적 정의 회복에서 찾습니다. 예배가 이웃을 외면한 채 이루어질 수 없음을, 수직적 예배의 진정성은 타자와의 수평적 관계 속에서 입증된다는 점을 강조합니다. 따라서 이사야는 분명히 거룩의 수평성을 강하게 외치는 예언자입니다. 그의 외침은 오늘 우리에게도 들려옵니다. "너희 손에 피가 가득하다. 정의를 회복하라. 그래야만 너희의 예배가, 너희의 기도가 다시 들릴 것이다."

예레미야

예레미야는 이와 다르게 거룩의 수직성 중심으로 이스라엘의 죄를 고발합니다. 그가 말하는 근본 문제는 하나님을 떠나 다른 신들을 섬기고 우상을 숭배하며, 자신들의 손으로 만든 것에 엎드려 절한 데 있습니다. "무리가 나를 버리고 다른 신들에게 분향하며 자기 손으로 만든 것들에 절하였은즉 내가 나의 심판을 그들에게 선고하여 그들의 모든 죄악을 징계하리라"(1:16). 예레미야가 본 이스라엘의 타락은 하나님과의 언약 자체를 정면으로 배반한 종교적 파기였습니다.

예레미야 2장에서도 하나님은 이렇게 탄식하십니다. "너희 조상들이 내게서 무슨 불의함을 보았기에 나를 멀리 하고 가서 헛된 것을 따라 헛되이 행하였느냐.……제사장들은 여호와께서 어디 계시냐 말하지 아니하였으며 율법을 다루는 자들은 나를 알지 못하며 관리들도 반역하며 선지자들은 바알의 이름으로 예언하고 무익한 것들을 따랐느니라"(2:5-8).

예레미야는 거룩의 본질을 하나님의 유일성에 대한 충성과 신실한 예배로 보며, 수직적 거룩을 회복하면 이스라엘이 다시 회복될 수 있다고 말합니다. 예레미야는 수직적 거룩의 파기를 고발하는 대표 예언자입니다. 그의 외침은 오늘 우리에게 이렇게 다가옵니다. 너는 누구를 섬기고 있는가? 너는 누구 앞에 서 있는가?

호세아

호세아는 예레미야의 목소리를 극적으로 확장시킵니다. 그는 하나님과 이스라엘의 관계를 남편과 아내의 언약에 비유하며, 이스라엘의 신앙적 배반을 "음행"과 "간음"이라는 언어로 고발합니다. "너희 어머니와 논쟁하고 논쟁하라. 그는 내 아내가 아니요 나는 그의 남편이 아니라.……그가 그의 얼굴에서 음란을 제하게 하고 그의 유방 사이에서 음행을 제하게 하라"(2:2). 이는 단지 성적인 비유가 아니라 '하나님 아닌 존재'를 향한 사랑과 충성, 곧 우상 숭배가 하나님의 마음을 어떻게 찢어 놓는지 보여주는 절절한 호소입니다.

호세아는 이스라엘이 바알에게 바친 은과 금 그리고 그것을 하나님이 주신 줄 깨닫지 못하는 무지를 고발합니다. "곡식과 새 포도주와 기름은 내가 그에게 준 것이요……그가 바알을 위하여 쓴 은과 금도 내가 그에게 더하여 준 것이거늘 그가 알지 못하도다.……나를 잊어버리고 향을 살라 바알들을 섬긴 시일대로 내가 그에게 벌을 주리라"(2:8-13).

호세아는 이스라엘이 하나님의 은혜를 잊은 채 하나님 아닌 존재를 의지하고 예배하며 살았다는 사실을 가장 깊은 관계의 파괴로 고발합니다. 그는 거룩이란 하나님만을 향한 전적인 충성과 사랑임을 호소하며 일깨웁니다. 호세아는 예레미야와 마찬가지로 수직적 거룩의 회복을 호소하는 예언자라 할 수 있습니다. 그의 언어는 하나님의 상처 입은 사랑을 통해 우리에게 묻습니다. 나는 너를 이토록 사랑하는데 너는 왜 나를 그만큼 사랑하지 않는가?

아모스

아모스는 이 흐름에서 뚜렷하게 다른 결을 보이는 예언자입니다. 그는 수직적 배반보다 수평적 불의를 고발하는 데 집중합니다. 아모스는 이웃 나라들과 유다를 같은 눈높이에서 바라보며, 모두가 하나님의 정의 앞에서 책임을 지고 있다고 외칩니다. "에돔의 서너 가지 죄로 말미암아 내가 그 벌을 돌이키지 아니하리니 이는 그가 칼로 그의 형제를 쫓아가며 긍휼을 버리며 항상 맹렬히 화를 내며 분을 끝없이 품었음이라……암몬 자손의 서너 가지 죄로 말미암아 내가 그 벌을 돌이키지 아니하리니 이는 그들이 자기 지경을 넓히고자 하여 길르앗의 아이 밴 여인의 배를 갈랐음이니라"(1:11, 13). 이웃나라 형제들을 향한 잔혹함이 그들의 죄입니다.

그러나 문제는 이방 민족만이 아닙니다. 이스라엘은 "은을 받고 의인을 팔며 신 한 켤레를 받고 가난한 자를 팔며 힘 없는 자의 머리를 티끌 먼지 속에 발로 밟고 연약한 자의 길을 굽게 하며 아버지와 아들이 한 젊은 여인에게 다녀서 내 거룩한 이름을 더럽"힙니다(2:6-7). 아모스는 외칩니다. 제단 옆에서 전당 잡은 옷 위에 눕고, 벌금으로 얻은 포도주를 신전에서 마시는 자들아! 정의를 저버린 너희 예배를 내가 어찌 기뻐하랴!

　　　　　　　　　　　　태초에 질문이 있었다

아모스의 하나님은 말씀하십니다. "내가 너희 절기들을 미워하여 멸시하며 너희 성회들을 기뻐하지 아니하나니 너희가 내게 번제나 소제를 드릴지라도 내가 받지 아니할 것이요 너희의 살진 희생의 화목제도 내가 돌아보지 아니하리라. 네 노랫소리를 내 앞에서 그칠지어다. 네 비파 소리도 내가 듣지 아니하리라. 오직 정의를 물 같이, 공의를 마르지 않는 강 같이 흐르게 할지어다"(5:21-24).

아모스는 묻습니다. 정의 없는 예배가 무슨 의미가 있는가? 가난한 자를 짓밟으면서 부르는 찬양이 어찌 하나님께 상달되겠는가? 아모스의 예언은 오늘의 교회에도 묵직한 질문을 던집니다. 정의의 물을 흘려보내고 있는가? 공의를 마르지 않는 강처럼 흐르게 하고 있는가? 그 수많은 예배와 모임은 불의한 일상 위에 놓인 껍데기 신앙은 아닌가?

이사야가 '너희 손에 피가 가득하다'고 외쳤다면 아모스는 '너희 발밑의 흙먼지 속에 가난한 자의 머리가 짓밟히고 있다'고 말합니다. 예배와 삶의 분리를 단호히 거부한 예언자 아모스는 거룩을 향한 수평적 외침의 대표 주자입니다. 그의 목소리는 지금도 정의를 잃은 시대의 광장에서 매번 부활합니다.

미가

미가서는 이 흐름 속에서 가장 놀라운 통합을 보여주는 예언서입니다. 미가가 사용하는 언어는 호세아처럼 수직적 메타포—우상, 음행, 목상, 기생—로 가득하지만, 그 기표(시니피앙) 안에 담긴

기의(시니피에)는 수직이 아닌 수평에 무게를 둡니다. "내 백성의 가죽을 벗기고 그 뼈에서 살을 뜯는" 이스라엘의 통치자들(3:1-3)은 단지 우상을 섬긴 자들이 아니라 백성을 짓밟고 수탈한 자들입니다. 하나님을 향한 배반이 아니라 이웃을 향한 폭력이 미가가 말하는 죄의 본질입니다.

<hr>

기표(시니피앙)와 기의(시니피에)

어떤 단어나 문장을 말할 때 그 말소리나 글자 자체에 의미가 있는 것은 아니다. '사과'라는 과일을 예로 들면 실제로 발음하거나 적는 '사과'는 'ㅅ-ㅏ-ㄱ-ㅘ'라는 글자들의 조합에 불과하다. 이처럼 겉으로 드러나는 소리나 글자, 즉 '언어의 모양' 자체를 '기표'(記表, signifiant, 시니피앙)라고 부른다.

그러나 '사과'라는 기표를 들으면 빨간색 혹은 초록색의 동그란 과일, 달콤하거나 새콤한 맛 또는 누군가에게 주는 선물이라는 의미 같은 내용이나 개념도 함께 떠오른다. 이처럼 언어가 가리키는 의미, 즉 '내용적인 부분'을 '기의'(記意, signifié, 시니피에)라고 한다. 프랑스의 언어학자 페르디낭 드 소쉬르(Ferdinand de Saussure)는 기표(소리/형태)와 기의(의미/내용)가 결합된 하나의 '기호'(sign)가 언어라고 보았다.

어떤 기표가 어떤 기의와 연결되느냐는 자연적으로 정해지지 않으며 사회적으로, 역사적으로 약속된 것이다. 이 점이 중요한데 예를 들어, 'apple'이라는 기표는 영어권 사람에게 사과를 떠올리게 만들지만, 한국어를 쓰는 사람에게는 '사과'라는 기표가 같은 기의, 곧 사과를 떠올리게 만든다.

언어는 '이것은 이것이다'라고 단순히 대응되는 것이 아니라 시대, 문화, 사회에 따라 바뀌고 구성된다는 사실이 기표와 기의 개념에서 설명된다. 따라서 성경의 언어를 해석할 때에도 그 단어(기표)가 어떤 문화적, 역사적 맥락에서 어떤 의미(기의)를 가졌는지 세심하게 살피는 일이 중요하다.

태초에 질문이 있었다

또 중요한 것은 기표와 기의의 관계가 고정되지 않는다는 점이다. 왜냐하면 같은 기표라도 상황과 맥락에 따라 서로 다른 기의를 가질 수 있기 때문이다. 즉 하나의 단어(기표)가 항상 같은 의미(기의)를 지니는 것이 아니다.

예를 들어 성경에서 '불'이라는 단어를 보면, 모세 앞에 나타난 떨기나무의 불은 하나님의 임재를 상징한다. 반면 소돔과 고모라에 내린 불은 심판의 기호다. 오순절에 제자들에게 임한 불은 성령의 강림을 의미한다. 이처럼 동일한 기표('불')가 문맥에 따라 전혀 다른 기의(하나님의 현존, 심판, 성령)를 지닌다.

성경 해석에서 언어 표현의 유동성과 문맥을 민감하게 읽어 내는 눈 그리고 문해력이 필요한 까닭이 바로 이것이다. 고정된 정의와 해석에 안주하지 않고, 기표와 기의 사이의 생동하는 긴장을 붙들고 텍스트를 꼼꼼히 읽어 내는 태도는 성경 읽기의 출발점이다.

미가는 고발에서 멈추지 않습니다. 그는 묻습니다. "내가 무엇을 가지고 여호와 앞에 나아가며 높으신 하나님께 경배할까. 내가 번제물로 일 년 된 송아지를 가지고 그 앞에 나아갈까. 여호와께서 천천의 숫양이나 만만의 강물 같은 기름을 기뻐하실까. 내 허물을 위하여 내 맏아들을, 내 영혼의 죄로 말미암아 내 몸의 열매를 드릴까"(6:6-7). 최고의 제물이나 가장 소중한 자녀를 바치면 하나님께서 만족하실까요? 아니면 우리의 목숨을 바치면 하나님께서 우리를 용서하실까요? 정답은 하나님께서 이미 알려 주셨습니다.

"사람아, 주께서 선한 것이 무엇임을 네게 보이셨나니

여호와께서 네게 구하시는 것은 오직 정의를 행하며 인자를 사랑하며 겸손하게 네 하나님과 함께 행하는 것이 아니냐"
(미 6:8).

이 구절은 수직과 수평의 통합에 대한 가장 아름다운 정의입니다. 하나님과 함께 걷는다는 것은 정의를 행하고 사랑을 베푸는 구체적인 삶의 길입니다. 다시 말해 거룩이란, 하나님께만 속한 존재로 따로 떨어져 사는 것이 아니라 하나님께 속했기에 이웃을 향해 나아가는 존재가 되는 것입니다.

미가는 수직적 상징을 사용해 수평적 현실을 드러냅니다. 거룩이란 불의한 저울을 버리고(6:10), 폭력과 거짓을 멈추고(6:12), 가난한 자를 억울하게 하지 않고, 사람 사이의 정의를 세우는 데서 시작된다고 말합니다. 수직과 수평이 나뉘지 않으며 본래부터 하나였다는 사실을 미가처럼 정직하고 아름답게 증언한 예언자는 드뭅니다. 우리는 미가 앞에서 다시 묻습니다. 우리는 어떤 예배를 드리고 있는가? 우리의 거룩은 누구를 향해 열려 있는가?

하나님께 가까이 나아간다는 것은 이웃을 향해 몸을 낮추는 일임을, 그 길 위에 정의가 흐르고 인애가 피어날 때 비로소 거룩의 얼굴이 드러난다는 것을 미가는 가르쳐 줍니다. 거룩은 타자와의 단절이 아니라 타자와의 관계 회복입니다.

3. 성문서 – 무엇이 중요한가?

이제 성문서로 시선을 옮깁니다. 포로기 이후의 시대, 제2성전기의 문헌 속에서 '거룩'이라는 개념이 어떤 방식으로 이어지고, 또 변주되는가를 살펴보려 합니다. 이 시기의 문헌은 바빌론 포로라는 뼈아픈 사건 이후 무너진 계약과 공동체를 어떻게 다시 세울 것인가에 대한 다양한 응답으로 읽을 수 있습니다.

가장 중요한 점은 바빌론 포로 사건을 어떻게 이해하느냐에 따라 그 이후의 신앙적 대응이 달라진다는 점입니다. 만약 하나님이 계약을 저버리신 분이라면 인간은 그저 하나님의 자비를 기대하는 수밖에 없습니다. '인자와 진리'라는 언약적 언어를 되뇌이며, 다시 기억해 달라고, 돌아봐 달라고 애원하는 것입니다. 혹 모든 것을 하나님의 거대한 섭리로 환원해 버린다면 인간의 역할은 더욱 축소됩니다. 그러나 파기된 계약의 원인이 인간, 곧 이스라엘에게 있다고 본다면 이야기의 방향은 달라집니다. 우리가 돌이켜야 하고, 우리가 고쳐야 할 문제가 생겨나는 것입니다. 그리고 이 지점에서 수직적 회개와 수평적 개혁이 교차하며 새로운 신앙의 이야기가 펼쳐집니다.

에스라–느헤미야와 룻기는 이 갈림길에서 서로 다른 길을 걸어갑니다. 전자는 민족적 정체성과 순결성을 지키는 경계와 단절의 길을 택하고, 후자는 타자와의 관계, 포용과 상호 책임의 길을 제시합니다. 같은 시대에 형성된 이 두 문헌은 '거룩'을 바라보는 두 갈래 시선을 우리에게 보여줍니다. 이제 우리는 이 두 이야기를 따라가며 묻고자 합니다. 진정한 거룩이란 경계인가 관계인가? 배제인가 포용인가? 다시 말해 하나님께 속한 백성으로 산다는 것은 이웃과 어떤 관계를 맺는 삶을 의미하는가?

에스라-느헤미야

에스라와 느헤미야는 언약이 파기된 이유를 '이방신 숭배'와 '이방인과의 혼혈'에서 찾습니다. 그들은 이방인과의 결혼이 민족의 거룩함과 순수성을 더럽힌다고 보았고, 이를 단절하는 방식으로 거룩을 회복하고자 합니다.

> "사로잡혔던 자의 자손이 첫째 달 십사일에 유월절을 지키되
> 제사장들과 레위 사람들이 일제히 **몸을 정결하게 하여 다**
> **정결하매** 사로잡혔던 자들의 모든 자손과 자기 형제 제사장들과
> 자기를 위하여 **유월절 양을 잡으니** 사로잡혔다가 돌아온
> 이스라엘 자손과 자기 땅에 사는 **이방 사람의 더러운 것으로부터**
> **스스로를 구별한 모든 이스라엘 사람들에게 속하여** 이스라엘의
> 하나님 여호와를 찾는 자들이 다 먹고"(스 6:19-21).

이 본문은 그들의 거룩 개념이 '구별'과 '정결' 중심으로 구성되어 있음을 잘 보여줍니다. 특히 에스라 9장은 이방 민족과의 혼인을 이스라엘의 정체성을 훼손하는 '가증한 일'로 간주하며, 그 해

태초에 질문이 있었다

결책은 아내와 자녀의 추방이라는 극단적인 조치로 이어집니다. "우리가 어찌 다시 주의 계명을 거역하고 이 가증한 백성들과 통혼하오리이까"(9:14)라는 외침은 당시 공동체가 얼마나 이 문제를 심각하게 여겼는지 보여줍니다. 이어지는 10장에서는 실제로 이방 여성과의 결혼 문제를 해결하기 위해 아내와 자녀들을 공동체 밖으로 내보내는 조치를 구체적으로 시행합니다.

> "우리가 **우리 하나님께 범죄하여 이 땅 이방 여자를 맞이하여**
>
> **아내로 삼았으나 이스라엘에게 아직도 소망이 있나니 곧 내 주의**
>
> **교훈을 따르며 우리 하나님의 명령을 떨며 준행하는 자의**
>
> **가르침을 따라 이 모든 아내와 그들의 소생을 다 내보내기로**
>
> 우리 하나님과 언약을 세우고 율법대로 행할 것이라"
>
> (스 10:2-3).

에스라의 '거룩'은 혼합되지 않은 순수함을 유지하는 것이었습니다. 즉 타자와의 단절을 통해 이뤄지는 거룩입니다. 에스라는 결국 이방 여성과 결혼한 남성들의 명단을 기록하며 글을 마무리합니다(10:18-43).

배타적이라는 이유로 이러한 거룩 이해를 비판하거나 평가 절하해서는 안 됩니다. 이는 제2성전기의 정체성 위기 속에서 이스라엘 공동체의 생존과 재건을 위한 선택이었습니다. 이방 제국의 영향력 속에서 정체성을 유지하고, 신앙의 경계를 다시 세우는 것은 절박하고도 절실한 과제였습니다. 따라서 에스라-느헤미야의 수직적 거룩 개념은 그 시대 공동체에 필요한 신학적 해석이자 실천적 결단입니다.

이와 같은 거룩 이해는 느헤미야서에서도 이어집니다. 느헤미야는 "모세의 책을 낭독하여 백성에게 들렸는데 그 책에 기록하기를 암몬 사람과 모압 사람은 영원히 하나님의 총회에 들어오지 못하리니"(13:1)라고 말하면서 이방 민족의 배제를 강조합니다. 그는 신명기 23장 율법을 근거로 삼아 이방인과의 관계를 단절해야 한다고 판단합니다. 제2성전기를 대표하는 주류 신학, 곧 '순수한 피'를 중심으로 한 민족적 거룩 개념은 하나님을 향한 충성이 공동체의 경계를 세우는 방식으로 구체화된 예라 할 수 있습니다. 타자에 대한 경계와 배제는 공동체의 정체성을 지키는 최선의 시도였다고 이해되어야 합니다.

다만 느헤미야가 인용한 신명기 구절이 그 전체 맥락을 생략한 채 부분적으로만 사용되었다는 사실을 지적할 필요가 있습니다. 신명기에는 모압과 암몬이 왜 하나님의 백성이 될 수 없는지 그 이유를 분명히 언급하고 있습니다.

"그들은 너희가 애굽에서 나올 때에 **떡과 물로 너희를 길에서 영접하지 아니하고** 메소보다미아의 브돌 사람 브올의 아들 **발람에게 뇌물을 주어 너희를 저주하게 하려 하였으나**"(신 23:4).

 태초에 질문이 있었다

그들이 이방인이기 때문이 아니라, 어려움에 처한 형제 나라 이스라엘을 도와주기는커녕 저주를 퍼부은 것이 문제였습니다. 여기서 수평적 관계의 파괴가 지적되고 있습니다. 더욱이 하나님은 이어지는 에돔과 이집트에 관한 말씀에서 그들을 미워하지 말라고 하시며, 그들의 후손은 하나님 백성의 총회에 참여할 수 있다고 말씀하십니다. 그 이유는 이렇습니다.

"너는 에돔 사람을 미워하지 말라. 그는 **네 형제임이니라.** 애굽 사람을 미워하지 말라. 네가 그의 땅에서 **객이 되었음이니라**" (신 23:7).

이방인이냐 아니냐가 문제가 아닙니다. 어려울 때 돕는 형제의 역할을 충실히 했느냐 아니냐가 하나님의 백성이 되는 '거룩'의 기준이 됩니다. 이제 수평성을 강조하는 성문서인 룻기로 시선을 옮기겠습니다.

룻기

에스라-느헤미야의 신학은 모세가 아니라 다윗이 신학적 모델로 부상하는 제2성전기 시대의 특성과도 맞닿아 있습니다. 나라를 다시 세워야 했던 시기에 다윗 왕조 혈통은 그 자체로 신적 정당성을 상징했습니다. 결국 거룩은 외부로부터 자신을 얼마나 지켰는가, 얼마나 섞이지 않으며 순수함을 유지했는가의 문제가 되었습니다.

그런데 정반대 흐름을 따르는 성경이 하나 있습니다. 룻기입니다. 룻기는 히브리 성경에서 '케투빔'에 속하며, 제2성전기 공동체의 상상력을 자극하는 전혀 다른 목소리를 들려줍니다. 기독교 구약성경에서는 역사서로 분류되기도 하지만 룻기의 진정한 의미는 단순한 역사적 기록을 넘어서는 신학적 전복에 있습니다.

룻기의 첫 장면을 보면 두 지명이 반복적으로 강조됩니다. 유다 베들레헴 그리고 모압. 한쪽은 다윗의 고향이자 정통성의 상징이고, 다른 한쪽은 에스라-느헤미야가 경계하려 했던 이방 땅입니다. "유다 베들레헴 에브랏 사람"(룻 1:2)은 단순히 출신지를 가리키는 것이 아니라 엘리멜렉과 나오미 그리고 보아스가 다윗 혈통의 원조임을 강조합니다. 다윗의 출신지가 이곳입니다("다윗은 유다 베들레헴 에브랏 사람 이새라 하는 사람의 아들이었는데", 삼상 17:12). 이는 에스라-느헤미야가 보여주는 '다윗의 순수한 피' 신학에 의도적으로 맞서고 비판하는 룻기의 서술 전략입니다. 흥미로운 점은 이 이야기가 두 지역을 잇는 나오미와 룻이라는 두 여인을 통해 전개된다는 점입니다. 다윗의 뿌리는 모압과 연결되어 있으며, 모압 여인 룻은 바로 다윗 왕조의 조상이 됩니다. 본문은 거의 모든 장면에서 의도적으로 "모압 여자 룻"이라는 표현을 반복적으로 사용하며, 유다와 모압의 긴장 관계를 거듭 환기시킵니다.

이 이야기는 '이방 여인도 믿음의 조상을 따라가면 복을 받을 수 있다'는 단순한 가르침을 넘어서, 제2성전기 정체성 논쟁의 핵심을 파고듭니다. 다시 말해 에스라와 느헤미야가 경계선 바깥으로 밀어낸 바로 그 모압 사람이 하나님 이야기의 중심에 들어오는 전복이 일어납니다. 하나님의 백성에서 배제된 자들의 자리를 하나님이 어떻게 바꾸어 놓으시는지, 우리가 '거룩'이라고 부르는 것이 과연 어떤 관계 맺음 속에서 드러나는지를 새로운 관점에서 풀어 갑니다.

룻기의 앞부분을 보면 시어머니 나오미는 두 며느리에게 "돌아가라"고 거듭 말합니다. 그러나 룻은 어머니를 따르겠다고 단호하게 응답합니다. 이 장면은 룻이라는 모압 여인이 보여주는 주체적인 신앙의 시작이자, 낯선 땅으로 가겠다는 용기 있는 헌신의 고백입니다. 놀랍게도 이 여인이 다윗의 증조모가 됩니다. 제2성전기 시대에 가장 순수하고 신성하다고 여겼던 다윗의 혈통에 이 모압 여인의 피가 흐르고 있었다는 진술입니다.

느헤미야서는 암몬과 모압 사람은 여호와의 총회에 영원히 들어올 수 없다고 명시했습니다. 그러나 룻기는 그 공식에 정면으로 이의를 제기합니다. 과연 '피의 순수함'이 그렇게 절대적인 가치인가? 다윗 왕조의 뿌리에 모압의 피가 흐르고 있다는 사실을 정직하게 들여다본다면 순수한 혈통이라는 기준은 결국 허상 아닌가?

룻기가 말하는 본질은 혈통이 아니라 관계입니다. 룻기는 다윗의 정체성이 어디서 왔는지 되짚는 동시에, 그것이 수직적 우월성이나 종족적 순수성이 아니라 수평적 환대와 한번 맺은 언약에 충실한 신실함(헤세드)에서 비롯되었음을 드러냅니다. 보아스는 가난하고 낯선 이방 여인 룻을 혈통으로 판단하지 않습니다. 그녀의 삶의 태도, 나오미를 향한 헌신, 공동체 안에서의 겸손과 수고를 귀하게 여깁니다. 그래서 그녀를 받아들입니다.

이것이 에스라-느헤미야와 룻기 사이의 가장 큰 차이입니다. 에스라서는 거룩의 경계를 강화하기 위해 타자와의 분리를 선택했지만, 룻기는 그 경계를 초월하여 관계의 회복과 환대의 신학을 펼쳐 보입니다. 하나님 사랑과 이웃 사랑이 충돌하듯 보이지만 사실 이 둘은 결코 분리되지 않는다는 것, 오히려 수직적 관계의 거룩이 가장 깊이 드러나는 자리가 바로 수평적 관계의 자리라는 사실을 룻기를 통해 다시 배우게 됩니다.

나가며

예수님의 새 계명은 무엇이 새로운가

지금까지 수직적 신학의 틀을 벗어나 인간과 인간 사이의 관계, 타자와의 만남 속에서 하나님의 뜻을 발견하려는 수평적 시선의 가능성을 시도해 보았습니다. 하나님을 위협하는 높은 건물을 지으려는 시도를 창세기 11장의 핵심으로 본다면, 이 본문은 창세기뿐 아니라 성경 전체에서 높은 건물을 문제 삼는 유일한 본문이 됩니다. 만약 소돔 이야기를 동성애 금지 본문으로 읽는다면 창세기 19장은 창세기 전체에서 동성애를 금지하는 유일한 본문이 됩니다. 그러나 수평적 관점으로 창세기를 읽을 때 각 이야기와 사건은 분절되지 않고 서로 연결되며 통합됩니다. 이 책에서는 이러한 점을 보여주려고 했습니다. 수평적 목소리가 창세기에만 머물지 않고 성경의 흐름 속에서 계속 이어진다는 점도 확인했습니다.

이제 구약을 넘어서 복음서에 나타난 예수님의 말씀에 수평적 신앙이 얼마나 명확하게 강조되고 있는지 짧게 살펴볼 차례입니다.

이 책을 마무리하는 자리이니만큼, '새 계명'을 주제로 예수님이 보여주신 수평적 복음의 일면을 살펴보고자 합니다. 이 내용은 다음에 집필할 책에서 본격적으로 다룰 예정이며, 지금은 그 서곡으로서 '수평적 복음'의 깊은 울림을 나누어 보려 합니다.

예수님은 제자들에게 이렇게 말씀하셨습니다.

"새 계명을 너희에게 주노니 서로 사랑하라. 내가 너희를 사랑한 것 같이 너희도 서로 사랑하라"(요 13:34).

누구나 익히 아는 말씀입니다. 이 구절을 모르는 신앙인은 없을 것입니다. 그러나 이 익숙한 구절이 내포한 의미를 충분히 이해하는 것은 그리 쉬운 일이 아닙니다. 이 짧은 문장에 복음의 방향이 응축되어 있습니다. 여기서 주목해야 할 단어는 바로 "새"입니다. 대체 "새 계명"의 무엇이 새로운가? 이 질문에 답할 수 없다면 예수님의 복음과 그리스도인으로서의 존재 의의, 사명을 이해하지 못하는 것입니다.

"서로 사랑하라"는 말씀은 새로운 것이 아닙니다. 전에는 서로 미워하라고 했지만 이제는 사랑해야 한다고 말씀하시는 것이 아닙니다. 하나님께서 이스라엘에게 "네 이웃을 네 몸과 같이 사랑하라"고 명하셨듯(레 19:18), 사랑하라는 요청은 결코 새로운 것이 아닙니다.

그렇다면 예수님은 왜 이것을 "새 계명"으로 부르셨을까요?

　　　　　　　　　　　　　　　태초에 질문이 있었다

새로움은 어디에 있는 것일까요? 그 새로움은 수직과 수평의 충돌 사이에서 어느 쪽을 선택해야 하는가와 관련됩니다. 예수님이 말씀하신 산상수훈(마 5-7장)을 떠올려 보겠습니다. 그분은 온유한 자, 긍휼히 여기는 자, 화평케 하는 자, 의에 주리고 목마른 자에 대해 말씀하셨습니다. 온유와 긍휼과 화평은 개인의 내면 상태가 아닙니다. 사람과 사람의 관계에서 드러나는 태도와 실천입니다. "온유"만 떼어 놓고 보면 성품과 성향이 부드럽고 착한 개인을 의미할 수도 있습니다. 그러나 "화평하게 하는 자"란 혼자 조용히 있는 사람이 아니라 다툼과 갈등 속에 뛰어들어 평화를 만들어 내는 자입니다. "긍휼히 여기는 자"도 마찬가지입니다. 멀리 있는 타인의 고통에 마음을 여는 이들이며, "의에 주리고 목마른 자" 역시 공동체 안에서 하나님의 뜻이 이루어지기를 갈망하는 이들입니다. 이런 면에서 "온유" 역시 타인을 대하는 태도로 이해되어야 합니다. 예수님의 산상수훈은 철저히 사람과 사람 사이에 초점을 맞춘 관계적 계명입니다.

"새 계명"의 새로움을 이해하려면 '옛 계명'이 무엇인지 파악해야 합니다. 옛 계명은 구약을 가리키며, 구약의 핵심은 두 가지로 요약될 수 있습니다. 바로 "네 마음을 다하고 목숨을 다하고 힘을 다하고 뜻을 다하여 주 너의 하나님을 사랑하고 네 이웃을 네 자신과 같이 사랑하라"(눅 10:27)는 이중 계명입니다. 하나님 사랑이라는 '수직적 계명'과 이웃 사랑이라는 '수평적 계명'이 옛 계명인 구약의 핵심입니다.

그런데 예수님의 새 계명에는 하나님 사랑이라는 수직적 계명이 빠져 있다는 것이 특징입니다. 예수님은 수직적 계명의 자리를 "내가 너희를 사랑한 것 같이"라는 표현으로 대체하십니다. 하나님께 받은 사랑을 하나님께 다시 돌려 드리는 것이 하나님 사랑이 아니라는 말씀입니다. 수직적 계명은 아래에서 위로 올려 드리는 사랑이 아니라 위에서 아래로 내려오는 것이고, 그 사랑을 받은 이들이 해야 할 일은 받은 수직적 사랑을 수평적 사랑("서로 사랑")으로 전환하는 것입니다. 이것은 신앙 전체의 방향 전환을 선언하는 대목입니다.

하나님과의 수직적 관계는 사람과의 수평적 관계와 근본적으로 다르지 않습니다. 둘은 같은 것을 다른 방향에서 본 모습입니다. 그러나 이론적으로는 이 말이 맞지만 현실에서 수직적 신앙과 수평적 신앙은 자주 충돌합니다. 예수님과 사두개인, 바리새인, 서기관, 율법학자 사이의 논쟁은 대부분 수직과 수평 가운데 무엇이 우선되는가, 어디에 신앙의 무게중심이 있는가와 관련됩니다.

안식일 논쟁이 대표적인 예입니다. 하나님께서 안식일을 거룩히 지키라 명하셨기에 바리새인과 율법학자들은 그 명령을 충실히 따르려 했습니다. 특별히 제2성전기에 강조된 율법은 안식일 규정이었습니다. 다마스쿠스 문서(Damascus Document)는 안식일 규정을 이렇게 확장합니다. '안식일에 가축이 물에 빠져도 구하지 말라. 안식일에 사람이 물이나 불에 빠지면 사다리나 밧줄 등 도구만 놓아 두고 스스로 나오게 하라.'

태초에 질문이 있었다

사해문서(Dead Sea Scrolls) 가운데 하나로, 기원전 2세기경부터 사용되던 고대 유대 문헌이다. 중세 카이로의 유대교 회당(게니자)에서 먼저 발견되었기에 '카이로 문서'로 불리기도 했다. 이후 사해 지역 쿰란(Qumran) 유적에서 동일한 문서의 조각들이 발견되면서, 이 문서가 쿰란 공동체의 신앙과 삶을 보여주는 핵심 문헌 가운데 하나라는 사실이 밝혀졌다.

다마스쿠스 문서는 율법을 해석하고 적용하는 규칙들, 공동체 내부의 질서와 규율 그리고 종말에 대한 기대를 담고 있다. 특히 '새 언약 공동체'라는 표현을 사용하면서 자신들이야말로 타락한 예루살렘 성전과 다른 순결하고 참된 이스라엘이라고 자부한다.

흥미로운 것은 다마스쿠스 문서가 이스라엘의 순수성을 안식일 규례나 정결법에 대한 매우 엄격한 규율로 설명한다는 점이다. 안식일에 가축이 물에 빠졌을 때 구하지 말고, 사람이 위급한 상황에 처해도 도구만 제공하고 직접 구하지 말라는 규정이 등장한다. 이는 율법의 세부 조항을 절대적으로 지키려는 종교적 열심이 어떤 결과를 낳는지 보여주는 사례이기도 하다.

여기서 언급되는 상황은 수직과 수평이 충돌하는 현실적인 경우입니다. 생명을 구하는 것보다 안식일을 지키는 것이 중요하기 때문에 둘 사이에 타협점을 찾아 경계선을 명확히 하려는 신앙 공동체의 고민과 숙고의 결과라 할 수 있습니다. 그러나 이것은 안식일을 구별하여 거룩히 지키라는 계명을 극단적으로 수직화한 결과이며, 그 신앙심이 얼마나 인간 생명과 괴리되어 있었는지를 보여주는 예라 할 수 있습니다.

이와 같은 상황에서 예수님은 이렇게 말씀하십니다.

"예수께서 이르시되 너희 중에 어떤 사람이 양 한 마리가 있어
안식일에 구덩이에 빠졌으면 끌어내지 않겠느냐. 사람이 양보다
얼마나 더 귀하냐. 그러므로 안식일에 선을 행하는 것이
옳으니라 하시고"(마 12:11-12).
"또 이르시되 안식일이 사람을 위하여 있는 것이요 사람이
안식일을 위하여 있는 것이 아니니"(막 2:27).
"안식일에 선을 행하는 것과 악을 행하는 것, 생명을 구하는 것과
죽이는 것, 어느 것이 옳으냐 하시니"(막 3:4).

수직과 수평이 충돌할 때 예수님이 어디에 초점을 두시는지는
분명합니다. 율법의 본래 목적은 사람을 살리는 데 있으며, 생명을
억압하는 틀로 사용되어서는 안 됩니다. 예수님은 신앙의 초점을
수직적인 '율법의 문자'가 아니라 수평적인 '생명의 구원'에 두십니
다. '생명을 구하는 것이 선이고 생명을 죽이는 것이 곧 악'이라는
정의가 드러난 마가복음 3:4보다 더 단순하고 명확하게 선악 가치
관을 드러낸 말씀은 성경에서 찾기 어려울 정도입니다. 선이란 생
명을 살리는 것이고, 악이란 생명을 해치는 것입니다. 안식일을 거
룩히 지키라는 수직적 명령은 생명을 살리는 수평적 명령을 따를
때 완성되는 것입니다.

예수님은 이렇게 하나님 사랑이라는 추상적 열심에 매몰된 신
앙을 해체하시고 이웃 사랑이라는 구체적 돌봄의 길로 우리를 이
끄십니다. 하나님의 뜻은 결국 사람을 살리는 데 있습니다. 그러므

　　　　　　　　　　　　　　　　　태초에 질문이 있었다

로 새 계명의 새로움은 단지 계명의 형식이 바뀐 데 있지 않습니다. 이것은 신앙의 무게중심을 근본적으로 바꾸는 전환입니다. 수직에서 수평으로, 율법에서 생명으로, 단절된 거룩에서 환대의 거룩으로 방향을 바꾸라는 요청입니다.

우리의 신앙을 점검하기 위해 던져야 할 질문은 '나는 24시간 하나님을 바라보고 있는가'가 아니라 '내 신앙은 지금 생명을 살리고 있는가', '나는 지금 내 앞과 옆에 있는 사람을 예수님이 나를 사랑하셨듯 사랑하고 있는가,' '나의 기도는 어느 곳의 누구를 향해 있는가'입니다. 이렇게 수평적 질문을 끊임없이 던지는 사람이라면 비록 왼뺨을 맞을 때 오른뺨을 돌려 대지는 못하고, 5리를 가자는 사람에게 10리까지 가 주지는 못하더라도 이미 새 계명의 문턱을 넘은 것입니다.

우리의 신앙이 위로만 향한 외침에 머물지 않고 옆 사람을 향한 사랑으로 흘러가기를, 우리의 교회가 높은 탑이 아니라 좁은 길이고 넓은 들판이기를, 우리의 십자가가 위로 솟은 나무 기둥이 아니라 두 팔을 옆으로 뻗은 너른 가지이기를 두 손 모아 기도하며, 창세기에서 시작된 여행을 마치고자 합니다.

감사의 말

이 책의 밑그림이 된 강의를 처음 시작한 것이 2015년경이니, 10년이 넘도록 이 주제를 다뤄 왔습니다. 책으로 엮어 낸다면 당연히 제 첫 저서가 되었어야 하지만, 세상에 내놓기까지 긴 시간이 걸렸습니다. 검증과 숙성의 과정을 거쳐야 했기 때문입니다. 그렇게 10년이 지나서도 차마 용기를 내지 못했는데, 복 있는 사람의 박종현 대표님이 먼저 손을 내밀어 주셨기에 비로소 독자들에게 말을 건넬 힘이 생겼습니다. 강의를 글로 옮겨 적고, 다시 다듬는 지난한 과정 속에서도 저는 여전히 망설였고 주저했습니다. 그때마다 복 있는 사람 편집자님들의 끊임없는 격려가 없었다면 이 책은 끝내 빛을 보지 못했을지 모릅니다. 부족한 생각을 미흡한 글 솜씨로 담아낸 책에 기꺼이 응원의 글을 보내 주신 김기석 목사님, 김진혁 교수님, 민경구 교수님, 전원희 목사님에게도 깊은 감사를 드립니다.

 태초에 질문이 있었다

　　무엇보다도 가르치는 일과 쓰는 일이 목회일 수 있음을 알려 주신, 저의 학문적 스승이자 롤모델인 테드 히버트 교수님에게 가장 큰 감사의 마음을 드립니다. 이 책의 많은 부분을 빚졌으니 교수님에게 이 책을 헌정하는 것이 마땅할 것입니다.

주

1 송민원, 『지혜란 무엇인가』 (서울: 감은사, 2021), 79–80.

2 "다른 사람의 피를 흘리면 그 사람의 피도 흘릴 것이니 이는 하나님이 자기 형상대로 사람을 지으셨음이니라"(창 9:6).

3 Thomas O. Lambdin, *Introduction to Biblical Hebrew*, Charles Scribner's Sons: New York, 1972, p. 119 참조.

4 Francis Brown, S. R. Driver, and Charles A. Briggs, *A Hebrew and English Lexicon of the Old Testament*, Oxford: Clarendon Press, 1906.

5 William L. Holladay, *A Concise Hebrew and Aramaic Lexicon of the Old Testament*, Grand Rapids: William B. Eerdmans Publishing Company, 1971.

6 『희년서』와 『트리포와의 대화』의 인용문은 제임스 L. 쿠걸 저, 김구원, 강신일 역, 『구약성경 개론』(CLC, 2011), 96–97에서 재인용했다.

7 쿠걸, 114–115에서 재인용.

8 같은 책, 115.

9 송민원, 『히브리어의 시간』 (서울: 복 있는 사람, 2024), 137–146 참조.